凡人起業

35歳で会社創業、
3年後にイグジットした
ぼくの方法。

小原聖誉

CCCメディアハウス

はじめに

「凡人起業」と聞いて、何を思われたでしょうか？
「〝凡人〟と〝起業〟？　〝凡人〟が〝起業〟するの？」
「できっこないでしょ。矛盾してるよ！」

たしかに、「起業家」というと、東大や早大、あるいはハーバード・ビジネス・スクールでＭＢＡを取得したような〝やり手〟や〝天才〟というイメージがあるかもしれません（ぼくは昔そう思っていました）。

そもそも「凡人」とはなんでしょう？（ここでいかにも凡人らしく、『岩波国語辞典』を引いてみます）。

ぼんじん【凡人】

特にすぐれた点もない人。普通の人。
また、つまらない人。

……身も蓋もありません。ちなみに、みなさんは次のような特徴に、いくつか心当たりはないでしょうか。

- 課題や提出物は締め切り近くになってからやりだす（夏休みの宿題は最後の２日前くらいからやり始める）
- 三日坊主
- 誘惑に弱い（健康に悪いと思いつつ飲み会のあとはラーメンでメる）
- 報告会や会議でアドリブができない
- 偉い人と話すと緊張する
- グループワークが苦手（頭のよさを競争する感じがいや）
- 相手によい質問ができない（知的処理能力がない）

・メディアに登場する起業家を見て「みんな天才だな」と感心する
・過度ではないものの心配性でリスクが気になる
・「いつかは起業する」とずっと吹聴している

これらはみな、凡人なら思い当たるふしがある事柄ではないでしょうか。ぼくはこのすべてが当てはまります。

たとえば、ぼくが卒業した大学は、東大や京大でも私学の雄でもなく、「日東駒専」と称される、ごく平均的といわれる東洋大学です。

学生時代は意識高い系に見えるように、電車では『ニューズウィーク』（もちろん日本版）と『日経新聞』を読んでいました。読んでも特に知識を得るわけではなく、完全にパフォーマンスです。いわば、「凡人らしい見栄」を張っていたわけです。

さらには経済学部という平平凡凡な学部を、留年しています。留年した理由はアルバイトに打ち込みすぎたからですが、バイト先はこれまたありきたりな、誰でも知っている某有名ファストフード店でした。

しかも、「打ち込んだ」と言っても、正社員や店長をめざしてマネジメントに熱心に取り組むという高い意識はなく、ただ仲間とワイワイやるのが楽しかったからです。

留年後に就活を始めるにあたり、一流大生ではない平凡な大学生が一発逆転するためにはどうすればいいか——。

一般的に考えれば、給料のいい大企業への就職を考えるでしょうが、ぼくの出身大学では望むべくもありません。せめて、大企業グループの孫会社に入れれば御の字。

しかも当時は就職氷河期。大企業でもリストラの嵐が吹き荒れていた時代でしたから、中小企業に就職したらなおさら危ない……。そう考えていた矢先、「起業する」という方からお誘いを受けました。

当時、スタートアップに関するサークルに興味半分で所属していたのですが、そこに「起業するのでインターンを募集します」という話が舞い込んだのです。話を聞きに行ったところ面白そうなので、結局そこでお手伝いをすることになり、社員になったわけです。大学3年生のときでした。

詳細は第1章に譲りますが、そこでいろいろな経験を積んで15年後、35歳で起業するに至りました。

起業してみてわかったのは、**「凡人には凡人なりの起業の仕方、戦い方がある」**ということでした。スタートアップ中は暗中模索ですから、そんなことを考えている余裕はありません。しかし、起業し、その会社を売却した今、振り返ってみると、**凡人なりの起業を体系化できることに気がついた**のです。それが本書で紹介する**「凡人起業ドリブン」**です。

凡人とは「何もできない人」ではありません。自分が秀でていることはあまりない、と自覚している謙虚な人でもあります。

ぼくは、「無知の知」こそ、起業で大事なことだと思っています。そう考えると、先にあげた凡人の特徴は、逆に凡人なりの戦い方に転嫁できます。下に、凡人なりの戦い方をまとめてみました。

［ 凡人には凡人なりの戦い方がある ］

新しいことを始めても、なかなか続かない	▶	「継続できる仕組み」の必要性がわかる!
自分に自信がない	▶	市場視点・相手視点に立てる!
頭の回転が速くない	▶	事前準備の大切さを知っている!
心配性でリスクが気になる	▶	キャッシュフローを大切にする!
まわりの人が優秀に見える	▶	社員に権限委譲して拡大できる!

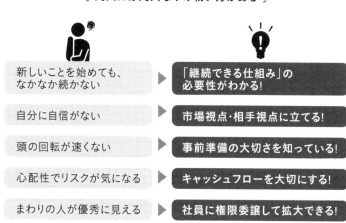

いかがでしょうか。凡人であることを自覚すれば、有利になりそうだとすら思えませんか？　自分を優秀だと思っていたら、自分のやり方に固執したり、やりたいことだけを掘り下げて失敗しがちです（このような起業家は多いです）。

凡人なりの戦い方を徹底すれば、下の図のように起業家としてシフトすることができるのです。

本書では、そんな**「凡人の凡人による凡人のための起業」**について具体的にお話ししていきます。

この本を手に取っていただいた方は、起業をお考えになっている

[凡人の凡人による凡人のための起業]

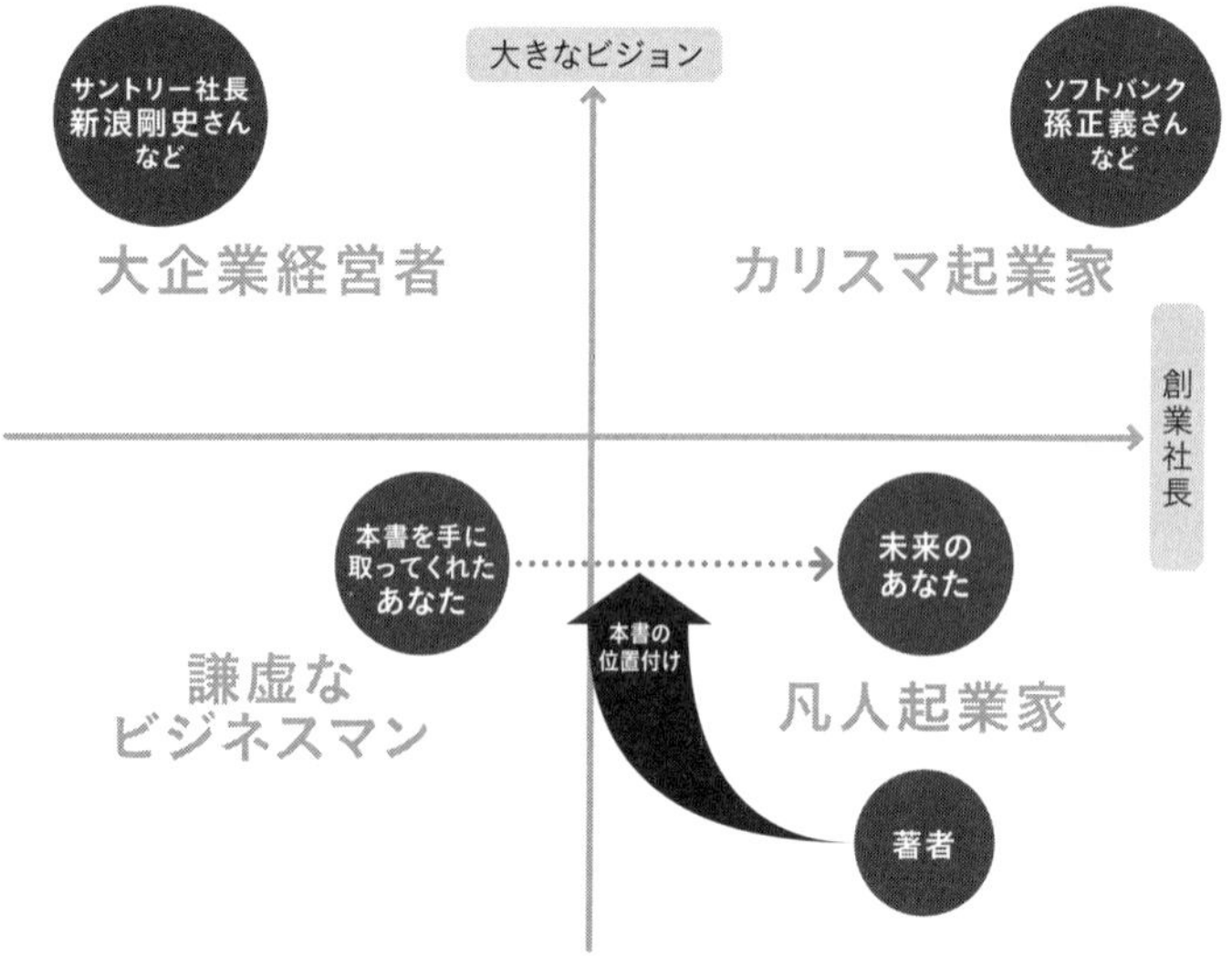

か、少なくとも起業に興味のある方だと思います。〝起業できてしまった〟凡人のぼくの経験談を読んでいただければ、「小原にできるのなら自分にもできそうだな」と思えるでしょう。

そんな、起業に興味のある読者のみなさんが、「初めの一歩」を踏み出すためのお役に立てれば幸いです。

２０１９年１月

小原聖誉

凡人起業

目次

はじめに……001

第1章 なぜ、凡人が起業できたのか
〈凡人起業ドリブン・マインド編〉

スキルより時代の波に乗ることを考える……016
時代を先取りすると「お客様案内窓口」からでも売り込める……018
お金がかからない業界を選ぶ……020
負けない場所で先行者をめざす……022
起業することを事前に就職先の社長に伝える……024
自分の経験が生かせるタイミングを計る……025
会社を辞める前から起業の準備を整えておく……027
失敗のリスクを下げるために自分を縛る……029
「コツコツやる」が楽しくなる仕組みをつくる……031

自分の力を発揮できる場所を見つける ……… 032
大企業のグループ会社に入ってわかったこと ……… 035
コツコツやることの方向性を見極める ……… 036
会社がなくても生きていけるようにしておく ……… 038
まずは好きなことより負けなさそうなことをやる ……… 039
凡人らしい戦い方を見つけて動く ……… 041

第2章 凡人が起業しやすくなってきた！

〈凡人起業ドリブン・戦略編〉

日本の経済力が落ちてきている ……… 046
新しいビジネスで新たなパイをつくる ……… 049
これから求められる〝ビジネスをつくれる人材〟 ……… 051
ベンチャーキャピタルは投資したがっている ……… 054
「起業したほうが将来明るい」と考える東大生が増えてきた ……… 058
しやすくなった資金調達での注意点 ……… 062
ベンチャーキャピタルから投資を得るときに注意すること ……… 064
最初の3年で勝負する仕組みとしてVCから出資を受けるのはアリ ……… 069

大きく投下すれば大きく伸びるのがＩＴビジネス ……… 071
大企業との業務提携をめざす起業もアリ ……… 072
自分がしてきたことを見直せば武器は見つかる ……… 074

第3章 起業したい人はコレをやろう〈凡人起業ドリブン・スキル編〉

凡人には「やりきる仕組み」が必要 ……… 082
フェイスブックを「仕事場」ととらえる ……… 084
業界の問題と解決策を提案して起業する ……… 087
スキル00 今いる会社の社長に起業の相談をする ……… 091
スキル01 競争を避ける ……… 092
スキル02 毎日継続できる、レベルの低いことをする ……… 095
スキル03 毎日継続せざるを得ない養成ギプスをはめる ……… 098
スキル04 無料セミナーをし、資料をつくらざるを得ないよう追い込む ……… 103
スキル05 自分を信用していないからヒアリングを大切にする ……… 106
スキル06 誰も否定できないことを整理して先駆者感を出す ……… 112
スキル07 お金がないから広報に取り上げられる工夫をする ……… 116

スキル08 自分にはチャンスが少ないことを認識し、真剣に提案する ……119
スキル09 お金の使い道が見えてから資金調達する ……126
スキル10 社員に名前を売ってもらう。売れば売るほど営業が不要になる ……122
スキル11 ニッチでもナンバー1と言える領域を徹底的につくる。そこが伸びるとトップシェアの自分たちが最も伸びる ……130
凡人起業ドリブンを通じて会社はどのように成長したのか ……131
起業中の失敗 ……139
どんな業界でも応用可能な「凡人起業ドリブン」 ……142

第4章 凡人起業の仲間たち

四人四様の〝凡人だからこその戦い方〟 ……148
Case 1
事業を決めるより先に会社を登記した
渡雄太さん（株式会社wib代表取締役） ……149
「今の仲間を裏切らないこと、発信すること、そしてよいパートナーと出会うこと」
商社からベンチャー、そして起業へ ……149
円満退社が次に結びつく ……152

ＳＮＳをフル活用して発信する ……… 153
起業を考えている人は腹をくくる ……… 155
人に助けてもらうのが起業家 ……… 157
○小原から ……… 158

Case 2
人材派遣とロボットによる業務自動化を融合させる
藤澤専之介さん（Peaceful Morning 株式会社代表取締役） ……… 160
「凡人起業は〝勝者のメソッド〟ではなく〝弱者のメソッド〟です」
大手メーカーから極小ベンチャーを経て大手派遣会社へ ……… 160
会社で起業家と話しているうちに起業したくなった ……… 161
最初は、できることをやりたいことに近づけていく ……… 163
凡人起業ドリブンの効果に驚く ……… 165
起業に興味のある人は〝弱者のメソッド〟で一歩踏み出す ……… 167
○小原から ……… 169

Case 3
派遣の受付業務から受付システムサービスで起業した
橋本真里子さん（ディライテッド株式会社代表取締役社長　ＣＥＯ） ……… 171
「投資家は事業のアイデアや採算性ではなく〝人〟に投資するんです」

思い入れのあるキャリアを活かす ……… 171
「誰もやらないなら私がやるしかない」という使命感 ……… 173
起業家の話を聞くことで納得感が出る ……… 174
退職時の人間関係を大事にする ……… 176
起業は特別な人がするものではない ……… 178
起業後に問われる〝器〟 ……… 179
女性・男性問わず、ステップアップの手伝いをしたい ……… 180
○小原から ……… 183

Case 4
カード会社勤務から新たな保証ビジネスで起業した
小山裕さん（Gardia株式会社代表取締役社長 CEO）
「少しでも頑張る気持ちがあるのなら、とりあえず動いてみましょう」 ……… 185
不正カード決済での店舗の負担を助けたい ……… 185
「凡人起業家」との出会い ……… 186
自分でできることを武器に会社を立ち上げる ……… 188
「ドタキャン」で困っている会社や店の「リスクのお守り」になる ……… 190
自分の経験を社会のニーズと組み合わせる ……… 193
凡人でも失敗を糧とし、まわりへの感謝を忘れなければなんとかなる ……… 194

起業に興味があったら、とりあえず動く……196
○小原から……198

第5章 もしあなたが起業するなら

起業家になった姿を想像してみよう……202
失敗しない起業ができるスマホーIT時代……204
「スマホ×何か」がビジネスのヒントになる……206
スティーブ・ジョブズでさえも過去から未来が生まれると信じていた……207
起業シート……209

あとがき……220

装丁・本文デザイン　轡田昭彦＋坪井朋子
編集協力　髙関 進
校正　小原英恵

第1章

なぜ、凡人が起業できたのか

凡人起業ドリブン・マインド編

スキルより時代の波に乗ることを考える

「はじめに」に書いたように、ぼくは学生時代にインターンとして、起業する社長の手伝いを始めました。

ＰＣソフトを開発するベンチャーです。プログラマーでソフトを開発する社長がパソコンのカレンダーソフトの企画・開発・販売の会社を立ち上げたのです。大学3年生のぼくはインターンとして雇われました。

社長が開発したソフトをパソコン雑誌の附録ＣＤ－ＲＯＭに、体験版として入れてもらえるよう、出版社に営業するのがぼくの仕事でした。しかし、どこの馬の骨ともわからない会社の無名なソフトですから、ほぼ門前払いです。1年目は売上がほとんどありませんでした。

創業2年目、ぼくが大学を卒業した２００1年に、ＮＴＴドコモがｉモードに続いてｉアプリを発表しました。そこでカレンダーのソフトはやめて、ｉアプリを念頭に、携帯アプリの検索サイトを開発しました。

「これが失敗したら会社を畳む」くらいの覚悟で思い切ってそちらに振り切ったところ、出版社の方々がこのサービスに大変興味をもってくれたのです。

当時、それまでのiモード（アプリが登場する前のブラウザ環境）ではゲームはできませんでしたが、2001年のドコモの第2世代携帯「503iシリーズ」の登場で、携帯でもテトリスなどのファミコンレベルのゲームができるようになりました。

パソコンのカレンダーソフトはどの出版社も興味を示してくれませんでしたが、携帯アプリ検索サービスは、逆に出版社から問い合わせが来るくらい、非常にウケがよかったのです。つまり、ビジネス用語でいう「先行者メリット」の恩恵を受けました。

携帯電話は当時、ドコモショップやauショップ、ソフトバンクショップ（当時はJ-PHONEショップ）などで買い替えを含め毎年5000万台くらい必ず売れていく、急拡大市場でした。2001年に登場したアプリ対応端末は、2007年には契約台数1億台くらいまで成長していたと思います。

それだけ拡大しているインフラのなかで使われるサービスを最初に手掛けると、サービス自体の良い悪いに関係なく、またスキルのあるなしにかかわらず、波に乗ることができます。

このときぼくの中に深くインプットされたのが、**「つくりたいものをつくるよりも、時代に乗ることのほうが大切だ」**、そして**「最高のものである必要はない。成長市場で誰よりも先にやるとうまくいく」**でした。この経験が、のちのぼく自身の起業でも大いに役に立つのです。

時代を先取りすると「お客様案内窓口」からでも売り込める

雑誌などに取り上げられ、「携帯アプリを探す」という領域においての先行者感を出すことができると、俄然、営業もやりやすくなります。

たとえば当時、カレンダー、ニュース配信、メールなどのサービスをしていたインフォシーク（現在は楽天）に、「私たちはアプリを検索

［ 凡人起業の成功の秘訣は「いいものをつくること」ではなく、「成長市場で誰よりも先にやること」 ］

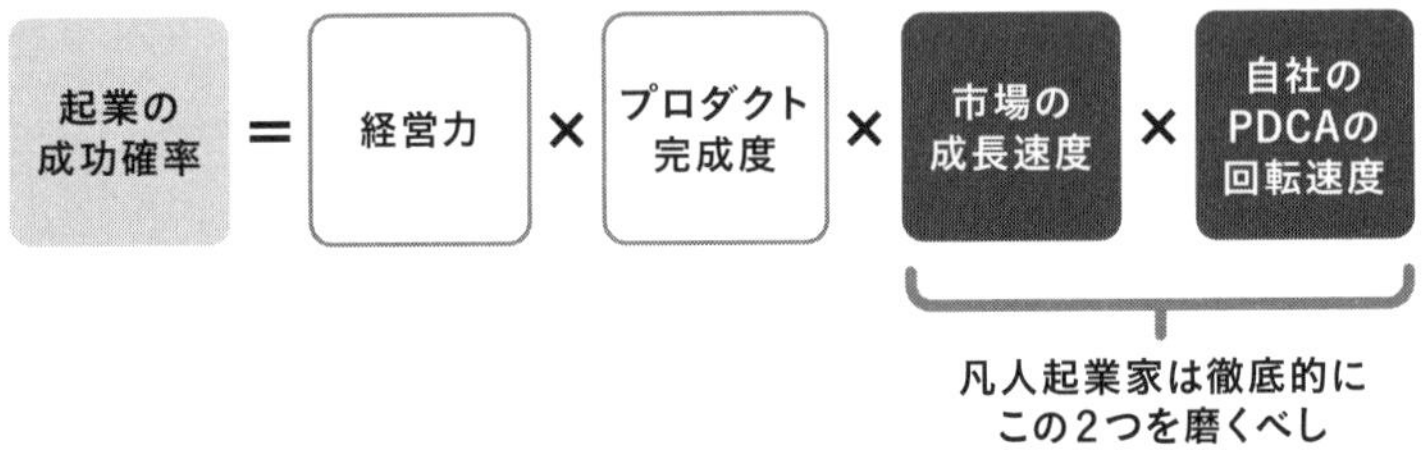

するサービスをやっている会社で、すでに雑誌でこれだけ取り上げられています」と連絡をとりました。

「連絡をとる」といっても凡人ですから、人脈はありません。ですから、ホームページにある「お客様案内窓口」「お問い合わせ」からの売り込みです。

するとなんということでしょう、折り返し「一度話を聞かせてください」という返事が来たのです。結果的に、ぼくたちの検索のデータベースをインフォシークに提供することができました。

ぼくたちがいちばんデータを提供したかったのは最大手のヤフーですが、まずビッグローブやニフティなど二番手クラスの事業者に連絡をとりました。そこで徐々に実績が出始めると、ヤフーもぼくらの存在を無視することができなくなり、最終的にはヤフーとも業務提携することができたのです。

テレビCMなどお金をかけて集客するのではなく、すでにユーザーが集まっているヤフーやインフォシークなどの他社のサイト上に、自社のデータベースを活用したアプリ検索というコーナーを導入してもらって自社サービスに集客していく、という戦略でした。

ぼくたちにお金があれば広告宣伝費をかけられたのですが、お金がないなかでどう集客していけばいいかを考え、「人が集まっているプラットフォームに自社サービスを提供したほうが早い」と判断したのです。

・お問い合わせ窓口からの連絡でも、興味のある提案なら聞いてくれ、仕事が成立する

——時代を先取りした動きをすると、そういう運も寄ってくるんです。

お金がかからない業界を選ぶ

ぼくがネット業界で起業しようと思った理由は、大きな資金が不要だからです。

たとえば飲食店の場合、場所が勝負という側面もありますから好立地が必要です。いい場所を借りるにはけっこうなお金が必要ですが、信用がないと銀行も融資してくれません。何よりも、ぼくは銀行に提出する事業計画書など書いたことがありません（起業後は事業計画も計数管理もCFO＝最高財務責任者任せです）。自分で貯金するにも時間がかかります。

また、仮にいい場所をおさえられたとしても、内装費や設備投資にさらにお金が必要です。しかも、開店したら移動できません。いうなれば失敗が許されない状況です。

たとえば営業時間が夕方18時から24時だとすれば、閉まっている時間のほうが長くなり

ます。また、客の立場で考えると、開店したばかりで評価の定まらない店にわざわざ出かけるのは面倒です。近隣の人が常連さんになるのにも、時間がかかります。

飲食業は仕事の内容がイメージしやすいので、脱サラして始める人は多いですが、廃業率も高いと思います。つまり、飲食店を始めるには、最低でも立地条件と時間的制約、設備投資資金という3大ハードルがあり、プロでもかなり難しい。

一方、**ネットサービスのビジネスは素人でも始められます**。物理的に移動してもらう必要もなく、24時間365日営業できますし、設備投資はほぼ不要です。

サービスを開始してから、コツコツ修正し続けられる真面目な人がやれば着実に伸びていけるのが、ネットサービスのいいところです。

それに、当時はネットサービスがまだ多くなかったことも幸いしました。競争者が多いところで戦うと、他社より秀でているところや強みをアピールしなければなりません。

アピールする材料がない場合は、**「勝ちやすい手段」より「負けづらい手段」を考える**ことが大切です。ネットサービスを選んだ理由は、勝てなくても工夫次第で負けないようにできると考えたからです。

負けない場所で先行者をめざす

実はぼく自身は、モバイルアプリのマニアではありません。それでも参入したのは、まずは**好きなことを仕事にするより、負けないことをやる**ほうが失敗の可能性が低いと考えたからです。

凡人起業で大切なことは、いかに失敗しないか、です。たとえば1社目の起業と2社目以降の起業とでは、めざすところがまったく違うと考えています。

1社目の起業ではホームランを狙って大振りするのではなく、できるだけバットを短く持ってヒットを打つ、少なくとも出塁することが大事です。

凡人ですから、バットを短く持ち、ボール（チャンス）が来たら着実に当てていく。それで実績が出てきたら、好きなことをするために会社を大きくするのもいいですし、あるいは売却して2社目を起業して好きなことをやるのもいいでしょう。

ただし、こうした考えは創業に関わった1社目のときにはまだありませんでした。最初の意識としては、「ネットサービスにビジネスチャンスがある」という程度で参加しました。

ＶＡＩＯなど新世代パソコンの登場によりネットサービスが普及し、そこにビジネスチャンスがあることは、当時多くの方々がわかっていたことでしょう。ぼくたちはさらに、「今後はパソコンよりも携帯電話の関連市場が伸びる」ということが念頭にありました。

そこで大切なのは、**たたき台を早くつくる**ことです。完璧なものをつくって遅れるより、8割でいいので「これでいける」というものを出して先行者になったほうがいい。1社目の会社で、そのことを学びました。

ほとんどの人たちは、たたき台ができるのを待っている。これは社会の縮図でもあると思いました。多くの人たちはなんとなく、「携帯電話にアプリが乗るな」「スマホが流行《はや》るな」と思っても、行動を起こしません。

新しいものが勃興しそうなとき、誰かが環境を整えてくれるのを待っているより、自分の経験を活かしてできることを探し、それを見つけたら早くたたき台をつくってＰＤＣＡを回せば、戦略的に先行者になれるはずです。

「拡大・成長しそうな市場で先行者になる」――それが、失敗しない起業の参入方法だと気づいたのです。

起業することを事前に就職先の社長に伝える

創業に携わった会社が軌道に乗ったこともあり、ぼくはその会社を離れることになります。そもそも、「自分で仕事をつくる＝起業する」という目標がありました。

退職の挨拶を朝の8時半から取引先各社に送っていると、ある会社の社長から8時35分くらいにレスがありました。取引先名の五十音順に送っていたので、挨拶を送るのが早かったイントロムという会社の森本暁彦《あきひこ》社長です。

イントロムは、森本社長が一人で起業したモバイルコンテンツのコンサルティングをする会社で、ぼくが退職した会社の広告主でした。

森本社長のメールは、「会社を辞めたならヒマでしょうから、今から飲みませんか？」という内容でした。たしかにそのときは無職なわけですから、「朝から飲むのもいいかな」くらいの気持ちで、「いいですね！」と返信しました。結局、退職の挨拶は五十音の「え」くらいで中断です。

午前10時、忘れもしない江東区亀戸にある「亀戸餃子」で、森本社長と落ち合いました。

飲みながら話をしているうちに、「一緒にやらないか」と森本社長が誘ってくれたのです。起業を志して退職したといえばかっこいいかもしれませんが、実はぼくには貯金がまったくありませんでした。

1社目で9年間「副社長」を務め、年収はそれなりに高かったとはいえ、実態としては給料の半分くらいを自腹で接待交際費に充てていたのです。それで、退職時には貯金がほとんどない状態でした。それどころかクレジットのリボ払いで200万円くらいマイナスでした。ですから、とりあえずお金は必要です。でも起業はあきらめたくない。なので、「ゆくゆくは起業するつもりですが、それでもいいですか」と森本社長に尋ねると、「いいですよ」と言ってくださったので、一緒にやることになりました。2007年のことです。

森本社長がコンサルティングで、ぼくはマーケティングと集客の担当という役割分担です。

自分の経験が生かせるタイミングを計る

イントロムはガラケーコンテンツ市場の拡大を追い風に事業も着実に伸びていき、みんなで利益を手にすることができました。

ところが2010年から暗黒時代に突入しました。iPhoneが発売されたのが2008年で、徐々にスマホへのシフトが見えていた時期ですが、その波に乗り遅れたのです。

イントロムでは、森本社長を中心にしたガラケーに関するコンサルで各社から月額50万円、それに加えて広告代理事業で追加の売上をつくっていました。それでうまく回っていたのですが、iPhoneの登場で、モバイル事業の各社が「ガラケーのコンテンツにはもうお金を使わない」と方針転換し、潮目が変わったのです。

ガラケーコンテンツの売上はまだ大きかったのですが、今後はスマホのコンテンツ制作に資金を回すという流れになっていきました。つまりガラケーのコンサルは不要となり、月額50万円の契約が徐々に打ち切られ、広告出稿もなくなり一気に赤字体質になりました。

当然我々もスマホ向けビジネスの検討はしていましたが、時代の変化のほうがはるかに早かったことは今でも悔やまれます。市場の変化が具体的に目に見えると、堰を切ったように一気に変化の波が押し寄せてくることを体に刻んだ瞬間でもあります。

ガラケーからスマホにシフトしつつある――このタイミングで、ぼくは起業することにしました。赤字体質になったといっても、会社には蓄えがありましたし、ぼくが抜けてもイントロムが潰れるわけでもありません。森本社長はぼくとの約束を覚えており、起業を祝してくれました。

イントロムで働かせていただいて5年後、2013年になってようやくぼくは株式会社AppBroadCastという会社を創業しました。「起業する、起業する」と言ってから数えて、実に15年もかかったわけです。

会社を辞める前から起業の準備を整えておく

森本社長はぼくの起業を応援してくれました。イントロムでぼくがやっていた仕事は広告代理業でしたが、その顧客リストを使わせてくれたのです。

ぼくが起業することで、森本社長にもメリットが二つありました
❶イントロムにおけるぼくの人件費がゼロになる
❷顧客リストからの成約でぼくからのマージンが20パーセント入る
ぼくとしては、そのリストを活用すれば失敗しないと踏んでいましたから、就職せずに起業に踏み切れたのです。社長と社員という関係が、事業パートナー／事業提携関係に変わる、お互いWin-Winの円満退社でした。

起業する半年くらい前から決めていたことは、同じスマホでもiPhoneに比べて人気がないAndroidというニッチなOS／プラットフォームでビジネスをするということです。当時、Androidに関しては、拡大することはわかっていましたが、iPhoneに比べてアプリマーケットが未成熟で、どうやってAndroid上でゲームビジネスをしていけばよいかが見えていない市場でした。

そこで、Androidゲーム市場の先行者になって、プロとして扱ってもらえるような状況を計画的につくることにしたのです。

バットを短く持って着実にヒットを狙うわけですから、**準備を周到にし、とにかく失敗しない**ようにすることが大切です。失敗する確率を極力落とすために、ぼくはイントロムで、会社のためになりつつ、自分の起業にも役立つことをしていました。

やり方は第3章の「凡人起業ドリブン・スキル編」で詳述しますが、辞める半年前から情報発信などの広報活動をやっていたのです（もちろんイントロム在籍中でしたから会社の名前でです）。スマホにシフトしなければいけない、でもやり方がわからないという市場環境の中で、積極的にAndroidの情報を収集し、発信していたわけです。それでぼく自身にも、Androidの知識が蓄えられていきました。

起業を考えている凡人が、会社で会社のためだけの仕事に専念し、オープンスキルが何も身につかないまま辞めるというのはよくありません。

ぼくは「自分で事業をつくりたい」という思いがありましたから、会社にいたときも、起業を軸として考え、それに備える行動をしていました。起業を志している方で現在会社に勤めている方は、日頃から**「会社がなくなっても自分でどうにかできるようになっておく」というマインドセットで仕事をしたほうがいい**でしょう。

失敗のリスクを下げるために自分を縛る

凡人が起業するなら、失敗する確率を少しでも落とさないといけません。それが、凡人起業を支える根本の考えです。成功する確率を上げるよりは、失敗しない要素を集めていったほうが生きながらえることができます。

失敗しないようにするともちろん臆病になりますから、それを補うために情報収集が大切になります。情報が入ってくると市場ニーズが見え、どこまでならリスクを背負えるのか把握できます。

成功を狙うのは、経験を積んでからにしたほうがいいでしょう。**自分を凡人だと思ったら、失敗確率を落とす仕組みをつくる**ことです。


たとえば、ぼくは先方から求められなくても、株主と毎週同じ曜日・時間に打ち合わせを行って自分から報告をしていました。ぼくは三日坊主ですから、報告タイミングが月次になってしまうと仕事の手を抜くリスクがあります。ですから、そのリスクを排除するために、高い頻度で時間をいただいて監視してもらうことにしました。

われながら凡人らしい地味な発想ですが、「手を抜こう」という気が、少なくとも1週間に1回は起こらなくなるわけです。

くだらないと思われるかもしれませんが、これは失敗しない仕組みをつくるための大切な方法です。自分にとって株主への報告は緊張するし、落ち着きませんが、少しでも失敗しないための方法であるなら採用したほうがいい。こういう些細なことでも、意外とじわじわ効果が出てきます。

凡人起業では、**自分のことを信用せず、仕組みで解決していく**ことが大切なのです。

自分を凡人だと自覚しているのなら、「無知の知」だと前向きにとらえて、自らを律するための仕組みをつくってしまうほうがいい。

たとえばぼくは勉強のために本をたくさん買いますが、ほとんど読んでいません。買って満足してしまうタイプなのです。「買わないといけない」と強迫観念に衝き動かされて買うのですが、そのあとまったくアクションしない。

そういう性格の人なら、「これだけは絶対に、かじりついてでも達成しないといけない」ということに関しては、達成せざるを得ないように仕組み化するべきなのです。

「コツコツやる」が楽しくなる仕組みをつくる

たとえばイントロムでAndroidに関する情報発信をしたのも、一つの仕組み化です。毎日自分でAndroidのニュース情報を集め、それを整理して発信するということは、やろうと思えば誰でもできる簡単な作業です。

さらに、その記事を自分のフェイスブックでもコツコツ配信していました。それは、友達からの「いいね！」がほしいからではなく、人に見られることで強制的に日課にするためです。意志が弱い凡人ですから、続けていくには強制せざるを得ません。

そうせざるを得ない仕組みをつくったとしても、続けられる人はそう多くはありません。特定の業界の中で発信し続ける人となるとさらに少なくなるので、自然に専門家になれます。専門家になってくると、強制的な仕組みだった情報発信が楽しくなってきます。なぜなら、情報を発信すると喜ばれるようになってくるからです。

「喜ばれている」という実感がわいてくると、監視役がいなくてもやるようになり、アドレナリンが出てきて仕事が楽しくなる。マラソンで最初の走り出しの5キロ、10キロは苦しいけれど、そこを超えるとランナーズハイになって気持ちよくなっていくのと似ています。「コツコツ」が苦でなくなっていくわけです。

ビジネスでも、コツコツ毎日やっている人は信用されるようになっていきます。信用されると取引の依頼もされやすくなりますし、取引が増えればその領域において大手との業務提携や、そのあとの資金調達もできるようになります。信用こそすべての基本で、それがないと仕事は続きません。

自分の力を発揮できる場所を見つける

「社長にはビジョンが必要だ」とは、一般的によく言われます。ソフトバンクの孫正義さんやgumiの国光宏尚《くにみつひろなお》さんなど、メディアでよく目にする社長は雄弁にビジョンを語っていてかっこいい。

しかしぼくは、ビジョンが本当に生きるのは、組織が大きくなったり、2回目以降の起業のときではないかと考えています。今メディアで話題になっている社長も、最初から大きいビジョンがあったわけではないと思います。

初めての起業のときは、お金をもっていないのですから、ビジョンの話をするより、とにかくバットを短く持ち、出塁するためにヒットを打つことに専念するべきです。

たとえばメルカリの創業者たちは、起業2周目の人が集まったオールスター集団です。中途半端なツーベースではなく、思い切りバットを長く持って、「Go! Bold!」（メルカリのスローガン）と勢いよく振り抜いてホームランを狙う。それは起業経験のあるプロたちが集まっているからできることで、素人が1回目から大振りしていたら簡単に三振、ゲームセットです。経営経験のない未熟な凡人が、1周目から大きく構えるのは無謀です。

「スタートアップはJカーブ」と言われることがありますが、それが意味するのは〝起業した初期は赤字を大きく掘っても仕方ない。むしろ赤字を大きく掘って、将来の成長につなげよう〟ということです。ぼくは、この論は無責任であり、一部の経営者・起業家のポジショントークなのではないかとすら思います。

会社は、お金が回らなくなったらゲームセットです。多くの社員・取引先、家族に迷惑がかかります。必ずお金が回るようにしなければなりません。

　ですから、ロマンを語る必要もなければ、メディアに出ている先輩起業家と自分を比べる必要もまったくありません。時間の無駄です。**自分がその市場の中でどれだけ力を発揮できるのかを突き詰めていく**ほうが、本質的です。自身のバリューを出しやすいところを、戦略的に見つけていくことが先決です。

　ぼくはゲーム好きでもないのに、ゲームに関する仕事を選択しました。失

[失敗しない起業のテーマ]

敗しないために、自分の知見を活かせる分野、負けない市場、先行者として参入できる仕事を探したら、それがスマホゲームの、しかもAndroidだったということです。

大企業のグループ会社に入ってわかったこと

AppBroadCastは、2016年に大手通信会社グループの傘下に入りました。

そこでわかったことは、大企業の社員の方々はみんなすごく優秀だということです。しかし、その優秀さは市場や社外ではなく、社内に向きすぎていて、事業の中身より人間関係のストレスで疲れている人が散見されました。

グループ売上5兆円、5000万人ものスマホ端末ユーザーに対するネット事業を手掛けている会社ですから、スタートアップに比べると会社の売上規模は大きく、また成長率はどうしても鈍くなります。そうなると必然的に、今の仕事をミスせず、今ある売上を死守しなければならないという保守的な考えになります。これは仕方のないことです。

しかしその影響か、「市場に対してこういうものを打ち出していこう！」という攻めの発想より、「失敗したら怒られそう・出る杭になりたくない」と思い込んでしまい（実際には経営陣は守りと同じくらい、いやそれ以上に社員に「攻め」を求めているのですが）、個々のポテンシャルは高いのに埋没していく人材も残念ながら少なくありません。

社長には社員が埋没していく様が見えていますから、社内で事を起こせないのならと、外部からぼくらのような人間を招聘したりするわけです。でも、そうした人は大企業の中ではマイノリティですから、その風土の中でイノベーションを起こすのは簡単ではありません。

その結果、大企業では「今の世の中にないサービスを提案していく」という突破力よりも、「今あるサービスを改善していく」「質を落とさない」という保守力がメインになってしまいがちなのです。

コツコツやることの方向性を見極める

大企業の社員の方々は、突破力やイノベーションは苦手ですが、コツコツやれる方たちです。本人から見れば明確な強みとは思えないかもしれませんが、ぼくは**コツコツできることは価値がある強み**だと思っています。

コツコツやれるのですから、どうせやるなら**新しい市場に向けてコツコツやればいい**のです。

ぼくの場合、コツコツやったこととは、情報収集して情報発信を続け、専門家になったことです。そこから先、起業するかどうかは人それぞれの判断でしょう。

今の会社の中でのポジションが低くても、会社そのものがなくなることがあっても、「どこかの領域のプロ、専門家」になれれば、社外から十分に声が掛かります。自分が情報発信をしている分野の企業から、いい条件でヘッドハントされる可能性もあります。

[新しい市場に向けてコツコツやろう！]

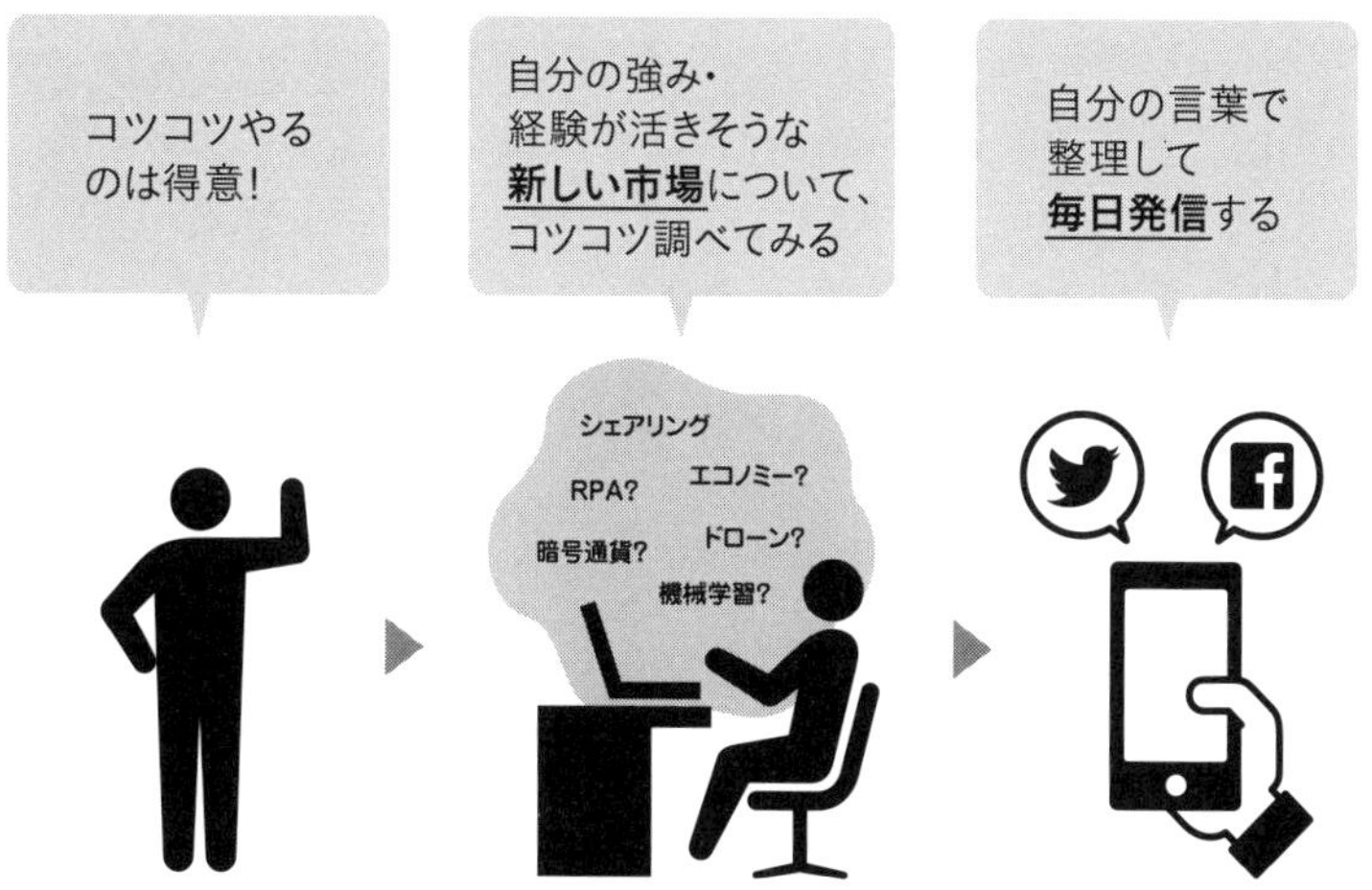

ただし、現在大企業に勤めている会社員の方は、必ずしも起業しなくていいとも思います。大きな顧客基盤をもとに多くの人にサービスを提供することは、やはりやりがいが大きいからです。

会社がなくても生きていけるようにしておく

起業するなら、**労働報酬＝拘束時間への報酬ではなく、あくまで成果報酬だというマインドが必要**です。成果報酬だと割り切ると、成果を出すには何をすればいいのかという、すごくシンプルな考え方になっていきます。

今や、副業を認める会社が出てくる時代です。「副業ができる人」とはどういう人かを考えると、それは「強みをもっている人」ということになるでしょう。

ですから、起業を煽るわけではありませんが、勤めていても「会社に縛られなくても自分で生きていける強みをもとう」というマインドをもったほうがいいでしょう。

起業は、自分がよりよく生きていくことをめざすためにするものだ、とぼくは思っています。なんとなく起業すると失敗する確率が高いですから、みんながみんな起業すればいいとは全然思っていません。

しかし、人間関係に振り回されず、自分で意思決定する人生のほうがよいと思うのであれば、起業が向いています。

まずは好きなことより負けなさそうなことをやる

ここでぼくがお話ししている起業とは、企業のサイズを0〜1人、1〜10人、10〜30人、30〜100人、100人以上に分類したとすると、0から30人くらいの企業サイズまでの話です。ここに関しては凡人でもできます。

30人以上になると、起業家というより経営者としての才覚が必要で、事業の話より人の話になっていきます。

組織づくりみたいなものができる人は上場していけばいいのですが、ぼくみたいな凡人でマネジメントに自信がない人は、いい事業をつくり、30人くらいの規模になったとき、自分がこれから先、経営者として本当にできるのであればさらに大きくする方向に進めばいいですし、ここから先はほかの人がやったほうがいいと思うなら売却すればいいでしょう。

ぼくの場合、AppBroadCastを大手通信会社グループに売却したわけですが、実は起業した当初は、売却しようとは考えてもいませんでした。会社を潰さないように経営していたら、成長市場の追い風に乗れただけです。

1社目の起業に関しては、自分は初めての社長経験です。初めてなのに事業もできて組織運営も、というのは秀才以上でなければできません。そのため、1社目は事業だけに焦点を絞って起業したわけです。

ただ、1社目に自分の好きなことを

[会社の規模に応じて、起業家に求められる素質が変化していく]

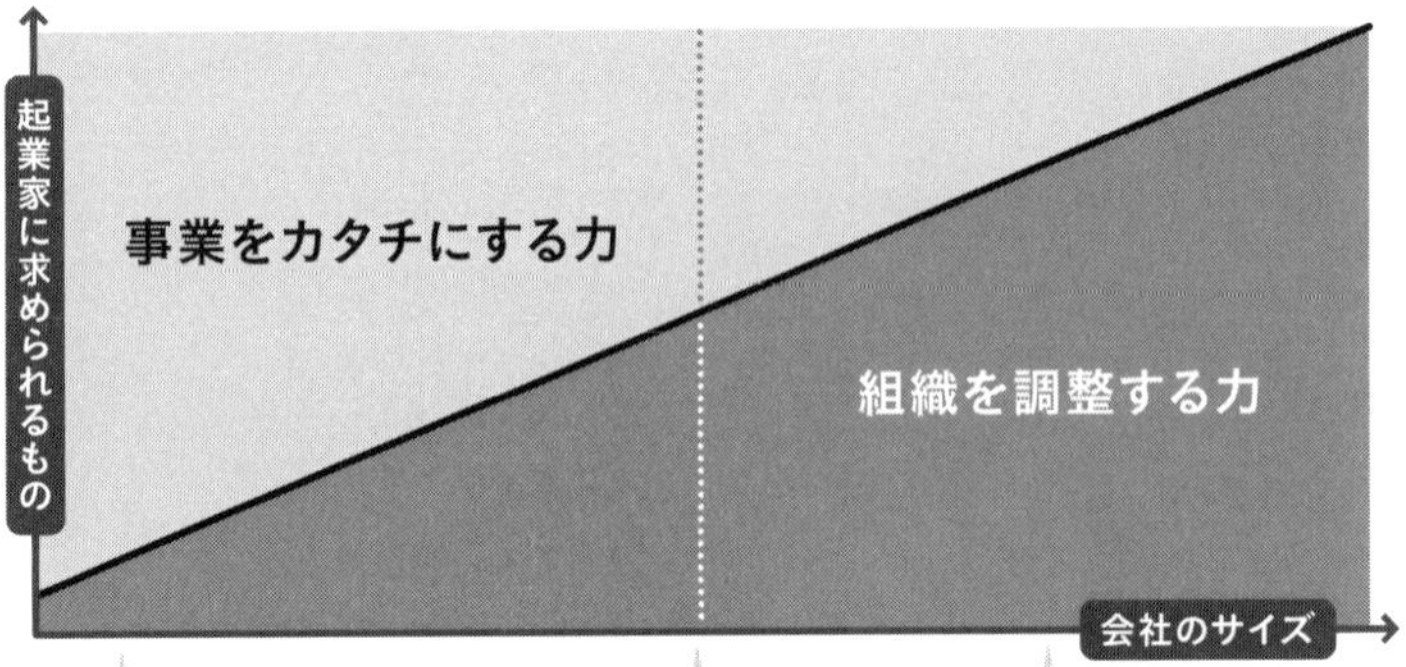

創業初期
市場選択さえ誤らなければ凡人でもきちんと結果を出せるフェーズ

30人の壁
このあたりから、「事業」と「組織」の重要度が逆転し始める

拡大フェーズ
組織を調整する力、ある種カリスマ的な「経営者」としての才覚が求められる

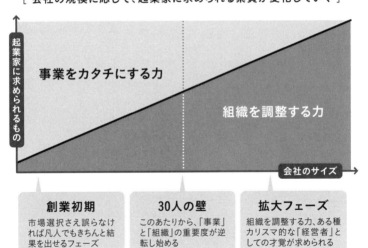

やろうと思っても、事業経験がないわけですから、うまくいくわけがありません。そもそも凡人なのですから。

ぼくの起業の目的は、お金が欲しいという以上に、事業をつくれる人間になりたい、会社や誰かに依存せずに自分に責任をもって生きていきたいということでした。

自分主体で情報発信するということはこの目的にも合っていますし、情報発信することそのものが事業につながっていくことですから、そこは一生懸命にやりました。

凡人らしい戦い方を見つけて動く

自分を凡人だと思っているのか、スーパーマンだと思っているのか尋ねられると、ほとんどの人が(謙遜もあるかもしれませんが)小さな声で「凡人です」と答えるでしょう。

そんな、自分を凡人だと思っている人に、「凡人らしい戦い方ができていますか?」と聞けば、「考えたことがありません」「できていません」と答える人が多いと思います。

ぼくが考える凡人らしい戦い方とは何かというと、自ら好んで監視を置くとか情報発信をするとか、地味なことです。

そして伸びしろのある市場に参入し、そのなかで競争者が少ないところを選んでいく。ぼくの場合は、スマホが伸びていくということが見えているなかで、スマホ＝iPhoneという場では戦えないので、Androidという競争の少ない場所を選びました（グローバルで見るとAndroidが圧倒的なので、日本もそうなるだろうという弱いロジックはありましたが）。

Androidの競争者が少ない＝情報発信をする人が少ないということは、情報発信をしたら目立ちやすい、ということです。情報発信をしやすくするためにも、競争者がいないところで戦う。

第3章で詳しくお話ししますが、情報発信していると情報が集まってきます。そうなってくると、情報発信する場所を、ブログからフェイスブック、フェイスブックから業界紙など、より公式っぽいところに移せるようになる。そうするとその道の権威っぽく見られ、コンサルの依頼がくるようになります。そして、実際に権威化していきます。

コンサルティングも、成長市場でコンサルタントになってお金を稼ぐのが目的ではなく、現場で実際の情報を収集するのが目的ですから、お金は安く質は高くコンサルを行う。そうすると、業界の課題を深く理解できるので、的確な提案ができる存在になり、弱小プレーヤーでも最も組むべきプレーヤーを見極めて組めるようになるわけです。

自分に足りないものがお金だとしたら、組む相手は集客できるところ、企画は弱い自覚があるがユーザー基盤とお金をもっている会社です。ぼくの場合、それが大手通信会社でした。

そこでサービスが伸びれば資金調達は容易にできますし、資金調達ができると他社にはできない資本投下ができるようになります。そうすると、より大きなサービスを提供でき、人の採用もしやすくなっていきます。断片的にではなく、一気通貫で走っていくのが大事なのです。

ぼくは「みんなが起業するべき」なんて思っていません。起業はしたい人がするべきです。

ですが、「起業の民主化」ができれば、日本が元気になるのは事実です。人口が減っていくなかで生産性を高めていくには、起業する人が増えていく必要があります。

日本という国だけを見た場合、「考えられる人、企画ができる人、事業を興《おこ》せる人を増やす必要がある」と感じています。

そのため、誰かのお役に立てるよう、拙《つたな》いながらも自分の起業経験について書いているのです。

第1章 まとめ

「凡人起業」に必要なマインドは?

法則1 自分の能力を信じない
- 1回目の起業はバットを短く持ち、ヒットを狙う
- ビジョンやロマンは不要
- 足りないものは周囲を頼る

法則2 よい市場を選ぶ
- お金がかからない市場
- (勝てる市場よりも)負けない市場
- 先行者になれる市場

法則3 コツコツ続ける仕組みをつくる
- 楽しくなる、うれしくなる仕組み
- 強制力が働く仕組み

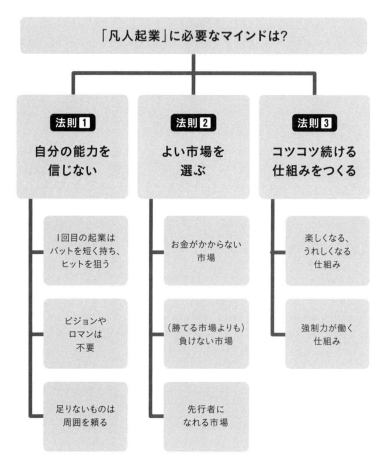

第2章

凡人が起業しやすくなってきた！

凡人起業ドリブン・戦略編

日本の経済力が落ちてきている

ぼくはすべての人に起業を勧めているわけではありませんが、ビジネスキャリアとして「起業」という選択肢を多くの方に知ってもらい、そのなかで少しでも共感する人にはやってみてほしいのです。

その理由はいろいろあります。日本の経済力は低下しており、かつては一般的だった「定年まで同じ会社で働く」という就労システムはすでに崩壊しつつあります。つまり、自分で食べていく方法を身につけたほうが生き残りやすい。

しかも今は新規事業に投資したい企業やベンチャーキャピタルが増えているため、起業したい人には追い風になっているのです。第2章ではそのあたりのことを見ていきます。

中国の深圳《シンセン》などから帰ってきた起業家たちと話をすると、「日本は遅れている」とよく言われます。中国では現金が必要ないので便利だ、というのです。都会だけでなく田舎でもキャッシュレスになっており、ＱＲコード決済が主流です。たとえば、飲食店ではメニユーでQRコード決済ができるようになっています。

もともと中国では現金が盗難に遭いやすい、偽造紙幣が多い、キャッシュカードもスキミングされやすいといったネガティブな事柄が多く、それがキャッシュレス化が進んだ要因でもあるでしょう。

日本では、たとえばタクシーが象徴的で、特に個人タクシーにはスイカなどの電子決済がほとんどありません。いつもニコニコ現金払いです。お釣りのやり取りに時間を取られますし、1メーターで1万円札を出すとドライバーに舌打ちされます。

小さなことかもしれませんが、日本が取り残されているように見えるそうです。

これらは生活レベルの話ですが、もっとマクロで言えば、30年前の世界の企業の時価総額ランキングを見ると、日本の企業が名を連ねていましたが、現在はいわゆる「GAFA」（グーグル、アップル、フェイスブック、アマゾン）が上位を独占しています。

上位20社のうち、日本の企業は1社も入っていません。トヨタ自動車も時価総額は増えているはずですが、30年前に比べて他国の企業の時価総額の伸び率が大きいため、多少の上昇では取り残されてしまうのです。

ものづくり全盛時代には日本企業は勝てましたが、デジタルにシフトして言語のユーザ

[世界時価総額ランキング]

平成元年
世界時価総額ランキング

順位	企業名	時価総額（億ドル）	国名
1	NTT	1,638.6	日本
2	日本興業銀行	715.9	日本
3	住友銀行	695.9	日本
4	富士銀行	670.8	日本
5	第一勧業銀行	660.9	日本
6	IBM	646.5	米国
7	三菱銀行	592.7	日本
8	エクソン	549.2	米国
9	東京電力	544.6	日本
10	ロイヤル・ダッチ・シェル	543.6	英国
11	トヨタ自動車	541.7	日本
12	GE	493.6	米国
13	三和銀行	492.9	日本
14	野村證券	444.4	日本
15	新日本製鐵	414.8	日本
16	AT&T	381.2	米国
17	日立製作所	358.2	日本
18	松下電器	357.0	日本
19	フィリップ・モリス	321.4	米国
20	東芝	309.1	日本

出所：米ビジネスウィーク誌（1989年7月17日号）
「THE BUSINESS WEEK GLOBAL 1000」

平成30年
世界時価総額ランキング

順位	企業名	時価総額（億ドル）	国名
1	アップル	9,409.5	米国
2	アマゾン・ドット・コム	8,800.6	米国
3	アルファベット	8,336.6	米国
4	マイクロソフト	8,158.4	米国
5	フェイスブック	6,092.5	米国
6	バークシャー・ハサウェイ	4,925.0	米国
7	アリババ・グループ・ホールディング	4,795.8	中国
8	テンセント・ホールディングス	4,557.3	中国
9	JPモルガン・チェース	3,740.0	米国
10	エクソン・モービル	3,446.5	米国
11	ジョンソン・エンド・ジョンソン	3,375.5	米国
12	ビザ	3,143.8	米国
13	バンク・オブ・アメリカ	3,016.8	米国
14	ロイヤル・ダッチ・シェル	2,899.7	英国
15	中国工商銀行	2,870.7	中国
16	サムスン電子	2,842.8	韓国
17	ウェルズ・ファーゴ	2,735.4	米国
18	ウォルマート	2,598.5	米国
19	中国建設銀行	2,502.8	中国
20	ネスレ	2,455.2	スイス

＊2018年7月20日時点。各種データを基に「週刊ダイヤモンド」編集部作成
＊「週刊ダイヤモンド」2018年8月25日号より

ー数がモノを言うようになってきました。ものづくりではなく、ＩＴ／ソフトウェアになってくると、流通コストが不要なので、圧倒的に多くのユーザーに届けることができるからです。

ものづくりが一つひとつ手渡ししていくビジネスだとすれば、デジタルは大量の人に即流通させることのできるビジネスといえるでしょう。また、これから先はＡＩやデータ活用など、さらにＩＴを活用した革新が起こることは誰もが想像できます。

そうなると、現状の売上規模の大小ではなく、将来期待値が反映される仕組みの株価においてはＩＴ企業のほうが大きくなっていくのは当然のことです。さらに日本企業は言語のユーザー数の少なさから置いてけぼりになり、グローバルＩＴ企業の時価総額が圧倒的に大きくなっています。

新しいビジネスで新たなパイをつくる

未来を考えると、もう少し悲惨になります。

たとえばベトナムの平均年齢は20代で、ほかのアジア諸国も同様です。一方、日本は人口減少トレンドに入り、出生率も下がり、どんどん平均年齢が高くなっています。

さまざまな指標がある中で、人口の指標はほとんどズレがなく、未来が正確に予測されるといわれています。

平均年齢が若い国との差が今から出始めていますが、これからさらに広がっていきます。となると、自分たちで生産性を上げていく必要があります。1人あたりの生産性が上がらない限り、国力が落ちていくことは明白だからです。

国力が落ちれば日本語圏内でのビジネスが縮小しますから、外貨

[生産年齢人口の将来見通し(2011年=100として指数化) **]**

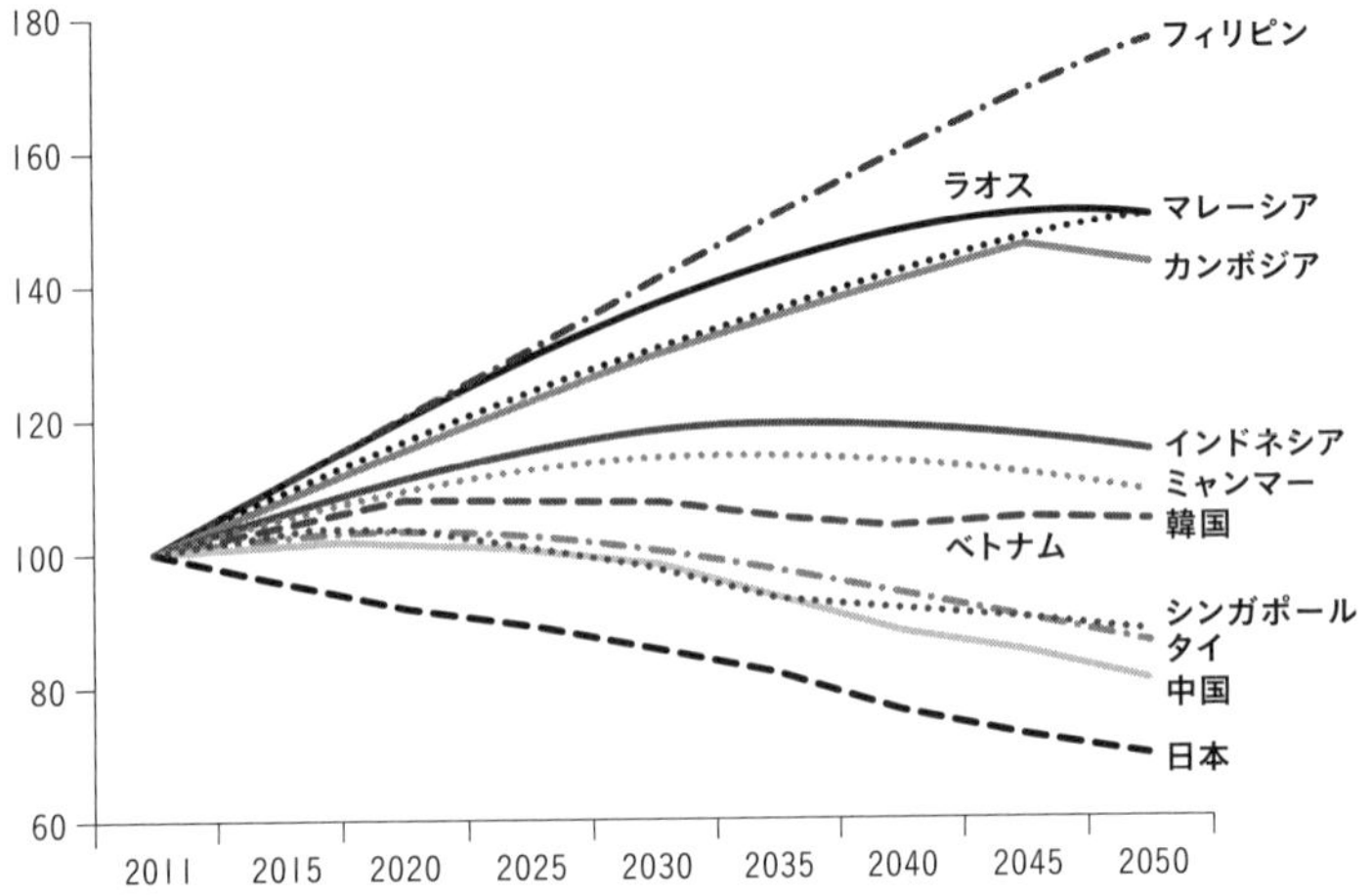

(出所)「世界人口予測　2010年版(国連)」より日本総研作成

＊八幡晃久「海外生産拠点の選び方(賃金水準)」2013年1月22日(日本総研HP)より

を取ってくるのが難しい日本の構造の中で、小さいパイを奪い合うことになります。

ですから既存のパイを取り合うビジネスよりも、パイをつくるようなビジネスをやっていかなければなりません。

これから求められる〝ビジネスをつくれる人材〟

先日、新規事業を考えている大企業の方々と話をしました。

彼らの話をまとめると、「自分たちの会社は現状では好調だが、人口減少も日本国内市場縮小もわかっているから、将来を見据えた新規事業を立ち上げなければならない。けれど、新規事業をつくるときには失敗することを織り込んでいかなければならないし、既存事業に対して売上が1パーセントあるかないかの、当たるかどうかわからない新規事業に対して熱量をかけることが（構造的に）難しい」ということでした。

ゆるやかに下落していくことはわかっているものの、売上1パーセントの新規事業のために熱量を割くことはできない――。このジレンマはよくわかります。

企業の上層部は50代以上ですから、結果を出すのに時間のかかる新規事業は自分たちが成功の目を見られません。それより、やはり既存の事業を前年比5パーセント上げていくほうを重視し、保守的になります。

そうした「逃げ切り」は、先ほどの企業でも問題になっているようです。逃げ切ろうとして冒険心のない上司の姿に幻滅し、「尊敬できる先輩が社内にいない」と言う若手社員が増えているそうです。それで意欲のある若手が辞めてしまい、残るのは現状維持を望む社員だけ、となればもう悪循環です。

大企業には、イノベーションのジレンマがある――1人あたりの生産性を上げていくことがこれからのテーマなのに、大企業で新しいパイをつくる事業が手掛けづらいという構造が日本のスタンダードなのです。

それなら逆に、**起業してビジネスがつくれるような人材になれれば、すごく価値が高い人材といえます。**大企業もそのような人材や組織が欲しいからです。そして、そういう人たちが増えれば、日本の生産性も上がってくるはずです。

ぼくが「起業に興味がある人は、ぼくみたいな凡人でもできるからぜひやってほしい」と言っているのはそのためでもあります。

[ビジネスをつくれる人材・企業が、これからの日本に求められる]

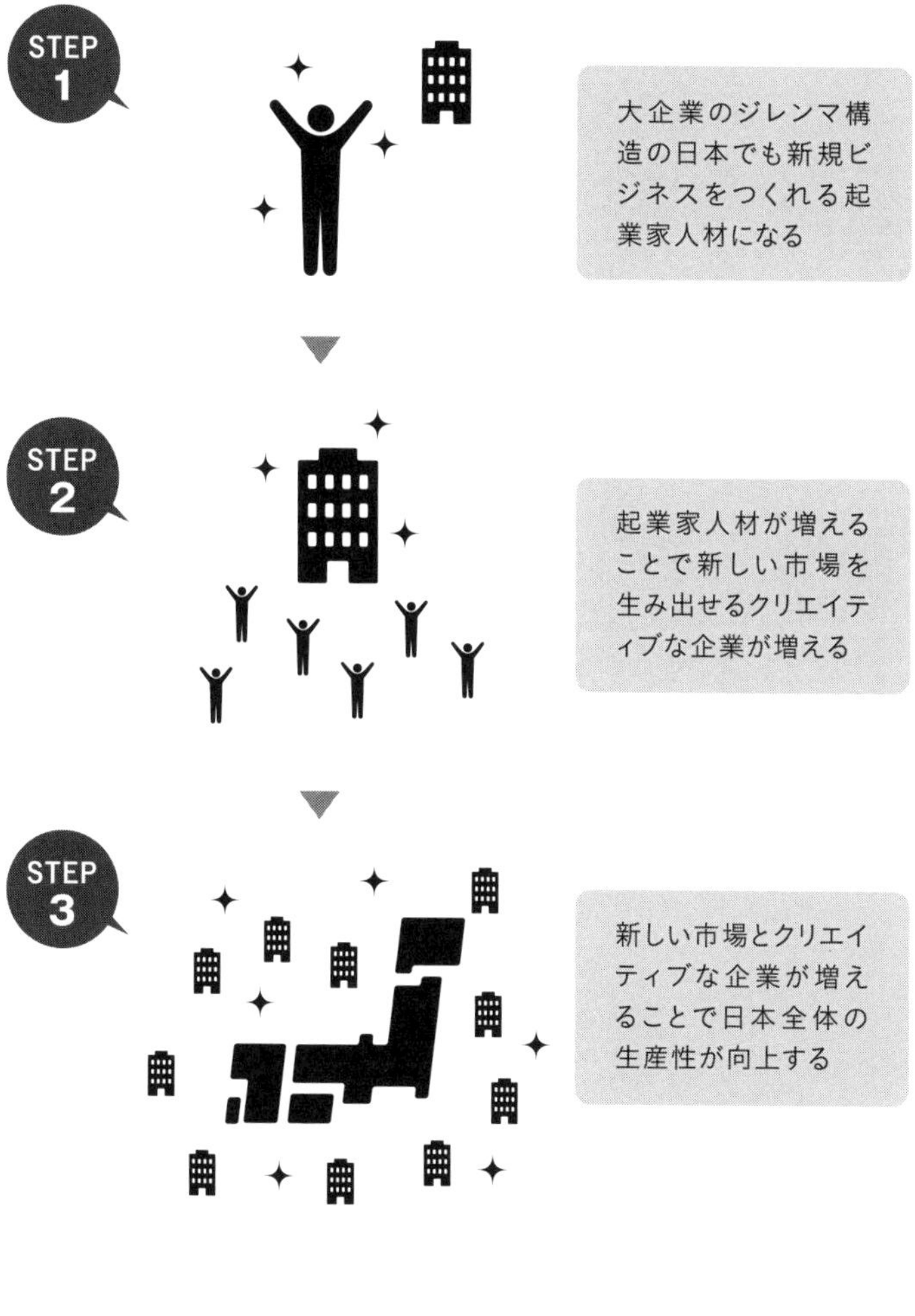

ベンチャーキャピタルは投資したがっている

企業は株主に利益を還元しなければなりません。還元の仕方としては、

- 利益を分配する
- 新規上場して上場益を株主に還元する（IPO：新規株式公開）

が主ですが、今はそれに加え、起業した会社を売却して得た利益を分配するケースが目立つようになっています。ぼくも、起業したAppBroadCastを大手通信会社グループにバイアウト（売却）しました。

10年ほど前まで、会社を売却することに対してはネガティブな反応が多数だったように思います。「取り込まれる」「乗っ取られる」ととらえられていたからです。

現代の大企業は、たとえば大手通信会社のように端末販売・通信事業だけではなく、法人向けソリューション事業・海外事業・ネット事業などさまざまな事業のコングロマリット化が進んでいます。

一方、スタートアップでは、基本的には「尖《とが》った一つの事業」しかやりません。

たとえば、「中国でQRコード決済が普及しているから日本でもQRコード決済の波がくるだろう」と判断し、その市場を取るためにその事業に特化した会社を立ち上げる、といった形です。

この、尖ったことをやって突き抜けて出てきた新会社を、コングロマリット化をめざす大企業が取り込んでいくということは、足し算ではなく、実は**掛け算になる**のです。

大企業の構造下では新規事業を始めることが難しくなっているので、自社で立ち上げるより成長している会社を取り込んだほうが早

[国内スタートアップ買収規模]

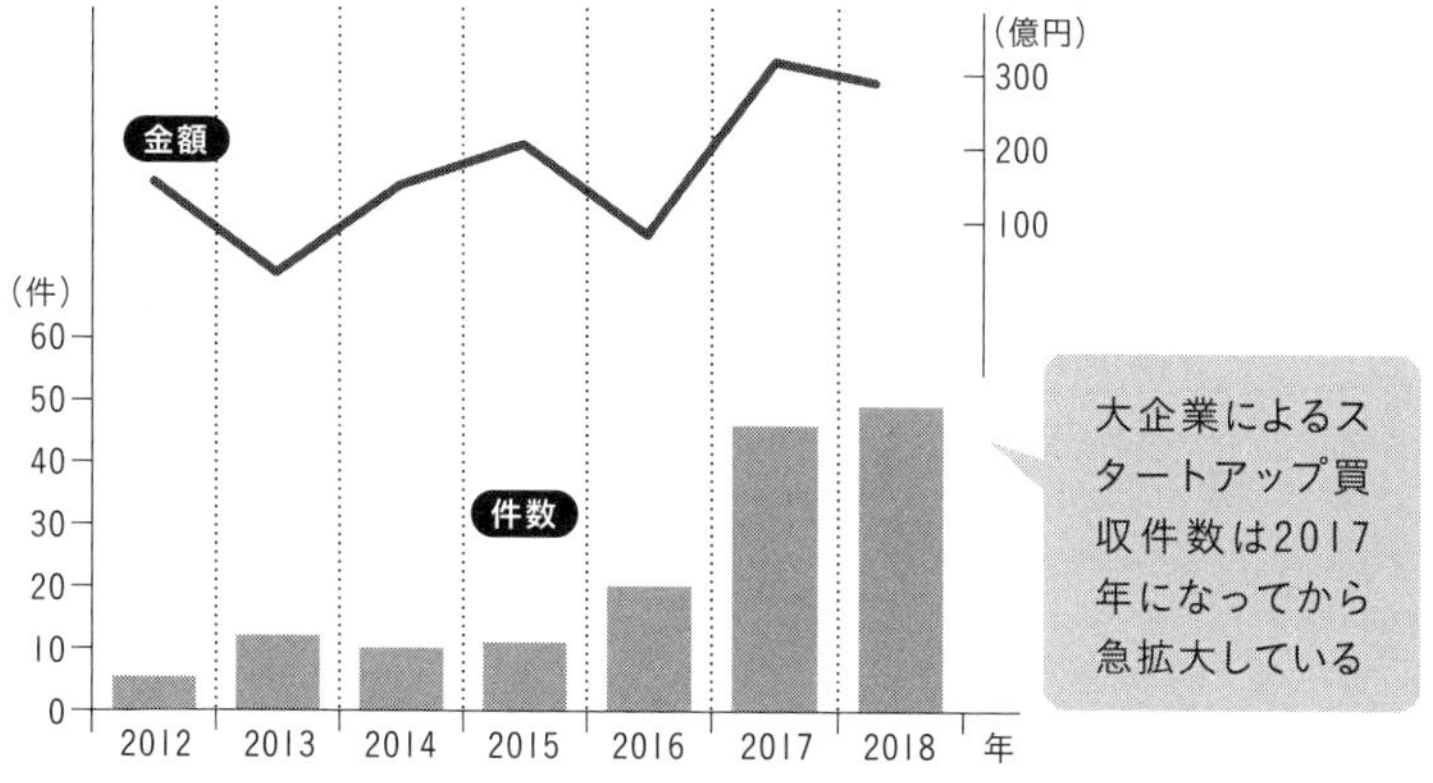

*2018年は10月末まで。レコフ調べ

*日本経済新聞 電子版「国内スタートアップ買収件数、18年に過去最高」2018年11月25日より

い。取り込んだ会社に、自社の顧客基盤を充ててさらに大きくしていくということは、これからの大企業の取るべき戦略でしょう。

また、スタートアップ側も、自分たちの事業をよりグロースさせていくためにも、顧客基盤をもっている大企業と組むことは互いにWin-Winの関係ですから、ハッピーな売却は今後も増えていくでしょう。

より多くの人にサービスを提供し、かつ事業を大きくするために、大企業がスタートアップと提携したり、一歩進めて買収をするという文化が醸成されつつあるのが現在です。

そうなると、投資回収（イグジット）の方法が拡充され、ＩＰＯ（新規株式公開）ではなく売却（バイアウト）によって企業の価値が還元されるケースが増えるでしょう。そうすると、ベンチャーキャピタル（ＶＣ）が資金を投入しやすくなります。データを見ても、ベンチャーキャピタルの投資額は年々増加しています。

それに加え、イグジットした起業家が増え、次の世代の起業家に投資を行う「エンジェル」が多数生まれ始めました（ぼくもその一人です）。エンジェルが増えれば、新たな起業家に資金とノウハウが集まりやすくなります。

このような環境では、起業家から見ればスタートアップするときに資金調達しやすくな

[スタートアップによる資金調達額]

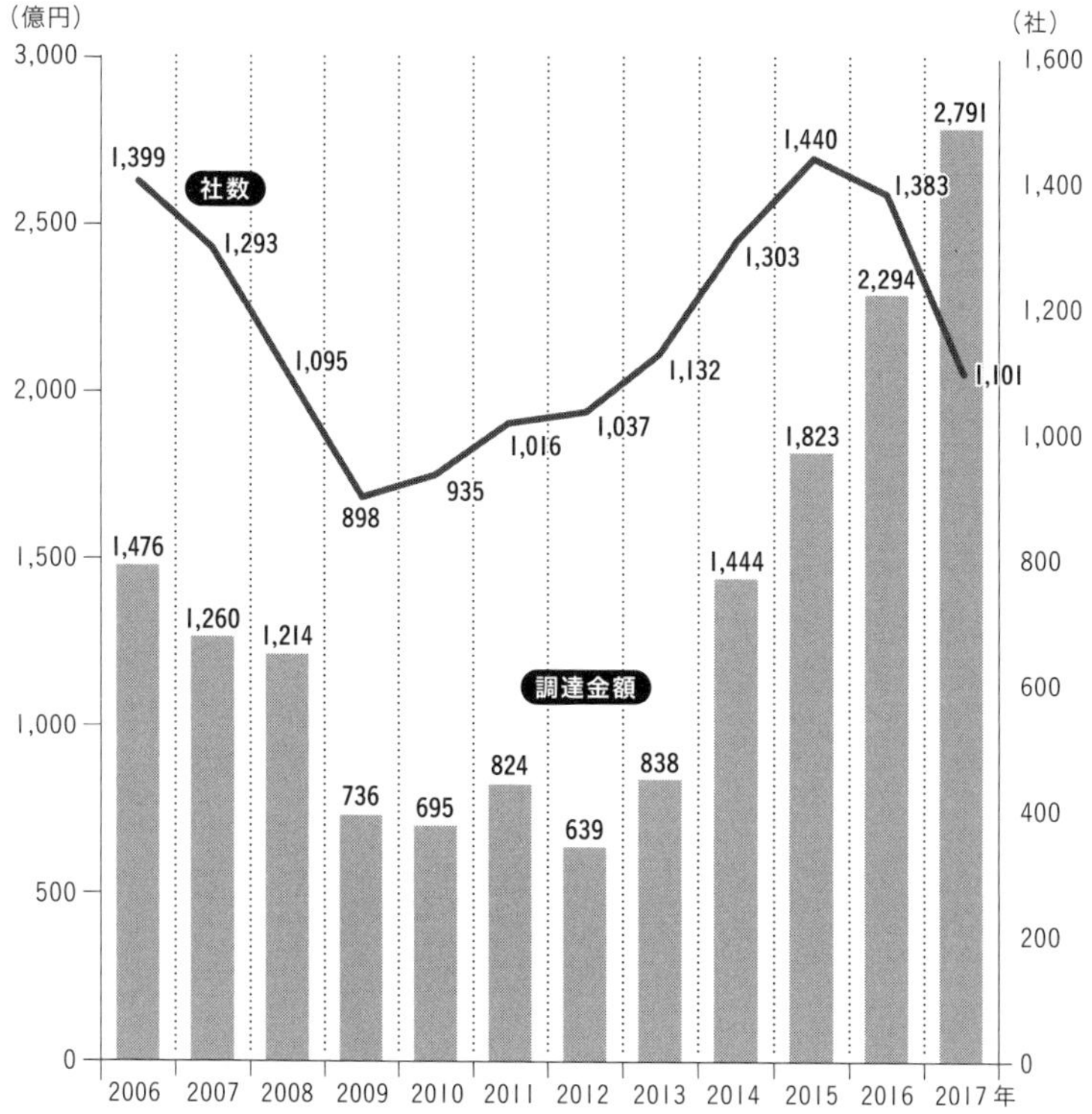

*Source: JVR「Japan Startup Finance 2017」(2018/3/23基準)
*一般社団法人日本ベンチャーキャピタル協会企画部「ベンチャーキャピタル投資動向 2017年度」より

るため、ビジネスが拡大しやすくなっているといえます。事業が軌道に乗ればイグジットもできる、という流れがつくれます。

つまり**現在、起業はしやすくなっている**わけです。

「起業したほうが将来明るい」と考える東大生が増えてきた

昔の理想は東大、京大など旧帝大を出て官僚になることでしたが、今では東大卒でベンチャーを起業する人も増えています。ライフネット生命保険の岩瀬大輔さん、グノシーの福島良典《よしのり》さん、アルゴリズムの勝俣篤志《あつし》さんなどがそうです。

特にIT関係の起業は資金も少なくてすみますし、スマホなどのインフラによって、多くのユーザーに流通コストなしでサービスを提供することができ、勝負しやすくなっています。さらに、先述したようにVCやエンジェルからのお金も集めやすくなっているのです。

安くつくれ、流通コストがなく、お金も利用できますから、起業という選択肢が現実的に取りやすくなったのです。起業か大企業へ就職かを冷静に考えた場合、起業したほうがアドバンテージが出るかもしれないという端境期が今だといえるでしょう。

ただ、前にも言いましたが、現在30代後半で大企業にいる方は、起業しなくてもよいというのがぼくの考えです。大手通信会社の傘下に入ってわかったのですが、「大企業の看板がある」というのはメリットが大きいからです。

凡人的感想で恐縮ですが、まず、家族が安心します。両親は明らかに喜びます。また、連れ合いが大企業に勤めているということで、お母さん同士のいわゆる「ママ友マウンティング」で有利になって、夫婦間のハレーションがなくなるなど、生きやすくなるかもしれません（笑）。しかもテレビＣＭを流すような商品を手掛けているわけですから、ＣＭが流れるたびに自尊心もくすぐられます。

しかし、現状に満足感のない人なら、環境も整ってきている「起業」という選択も視野に入れてよいのではないでしょうか。

京都大学

起業家・創業経営者90人（FastGrow調べ）より抜粋
https://www.fastgrow.jp/articles/UKyoto-entrepreneurs-list

会社名（順不同）	起業家名（敬称略）	トピック
（株）グロービス	堀義人	工学部を卒業後、ハーバード（MBA）留学、住友商事を経て1992年にグロービスを設立。企業や官公庁、団体等で経験を積んだ社会人を対象に、全国で教育プログラムを展開。
（株）マネーフォワード	辻庸介	農学部を卒業後、ソニー、マネックス証券を経て、家計簿アプリなどを提供するマネーフォワードを設立。2017年にマザーズ上場。
ウォンテッドリー（株）	仲暁子	経済学部を卒業後、ゴールドマンサックスに勤務。漫画家志望、フェイスブックジャパンの立ち上げなどを経てウォンテッドリーを創業。2017年にマザーズ上場。
（株）FOLIO	甲斐真一郎	法学部卒。在学中にプロボクサーライセンスを取得するなど異色の経歴の持ち主。ゴールドマンサックス証券などを経て、テーマから選ぶオンライン証券FOLIOを創業。
（株）ジーンクエスト	高橋祥子	農学部卒。東京大学大学院に進学、博士課程在籍中の2013年6月にジーンクエストを起業。疾患リスクや体質に関する遺伝子解析サービスを展開。

［ 著名大学の出身者が続々と起業をする時代に ］

出身大学

東京大学

起業家・創業経営者205人（FastGrow調べ）より抜粋
https://www.fastgrow.jp/articles/utokyo-entrepreneurs-list

会社名（順不同）	起業家名（敬称略）	トピック
ライフネット生命保険（株）	岩瀬大輔	法学部卒。ボストンコンサルティンググループ、ハーバード（MBA）留学などを経て独立系としては74年ぶりとなる生命保険会社を2008年に共同創業。
（株）Gunosy	福島良典	大学院在学中の2012年にGunosyを共同創業。情報キュレーションサービス・ニュース配信アプリ「Gunosy」を提供し、2年5か月で東証マザーズ上場。
（株）ユーグレナ	出雲充	大学卒業後、東京三菱銀行勤務などを経てバイオベンチャー・ユーグレナを創業。大学在学中からサラリーマン時代まで一貫してミドリムシの研究を続けてきた。
ナイル（株）	高橋飛翔	法学部卒。大学在学中に「マーケティングドリブン事業開発カンパニー」としてナイルを設立。現在はSEO業界を代表する存在に。
（株）アルゴリズム	勝俣篤志	教養学部在学中（2018年現在）。エンジニアとして各種ウェブサービスの立ち上げを行い、20歳までに2度の事業売却の経験をもつ。2017年に創業。

しやすくなった資金調達での注意点

起業をして、事業がうまくいくためにやることは基本的なことばかりです。営業的にいえば、目の前の人の役に立てば必然的にその人から発注してもらえますから、いただいたメールには早くレスをするなど、社会人1年目で言われるようなルールを徹底できるかどうか、といった地味なことの積み重ねです。それさえきちんとやっていき、いただくチャンスの度に応えていれば、業績を伸ばしていくことは基本的には可能です。

売上が伸びない場合は目の前の人の役に立てておらず、利己的に行動しているケースが散見されるはずです。まず相手の役に立つ、という視点から行動しましょう。このあたりの行動は次章で「凡人起業ドリブン・スキル編」として解説していきます。

このような基本的なことをきちんとやっていくと、ある程度売上も積み上がってきますし、目新しい事業を手掛けると大企業と接する機会が増え、業務提携できることもあります。そうなると、「そのクラスの会社とビジネスをする権利」みたいなものが空気としてできてきますので、複数の企業からお声掛けいただけるようになります。

ていねいにミスなく仕事をしてうまくいくようになって初めて、資金調達を考えましょう。事業も定かではないのに起業するために資金を集めるというのでは、本末転倒だからです。

資金を得るための方法は、大きく四つあります。

❶売上を上げる
❷銀行から融資を受ける
❸エンジェルやベンチャーキャピタル（VC・CVC）から出資を受ける
❹政府から助成金を受ける

❶は当たり前の話です。❹は額も小さいですし、条件が特殊なので割愛します。
ここではまず「❷」について見てみます。

実際にお金を借りてみるとわかるのですが、勝ちパターンが見えている状況、お金をかければかけるほど伸びる状況でお金を借りるのは、利益とほとんど一緒です。

仮に5億円の売上があれば、銀行から2億円くらいは借りられるでしょう。

2億円借りられたとすると、これは20億円の売上に値します。20億円の売上がある会社とは、マザーズに上場できるような規模の会社です。

起業家からしてみると返せる見込みがあるので、いくらでも借りたいところです。成長している過程においては、借りたほうが得になるわけですから。

ただ、最初から5億円などという売上はありませんから、最初に借入できるのはせいぜい1000万円程度でしょう。1000万円では1人くらいしか雇えませんから、そんなに大きな金額ではありません。

となると、「3」の「ベンチャーキャピタルから投資を受ける」ことがメインの資金調達戦略になってきます。

ベンチャーキャピタルから投資を得るときに注意すること

ベンチャーキャピタルは、売上規模を見て出資はしません。将来期待値を見て出資をします。ここが銀行の融資との違いです。

ですから、将来性さえきちんと提示できれば、ベンチャーキャピタルから投資を受けることは現実的です。

ぼくの場合も当初は銀行から大きな借入は無理な状態でしたが、ベンチャーキャピタルからは創業1年目で7000万円の投資を受けました。そのときの売上はまだ8000万円くらいです。おそらく今（2019年）のVCの市況であれば、3億円は調達できると思います。

3億円あれば、単純計算で30人雇えます。物をつくる人や営業マンなどを拡充すれば、市場成長のスピードを超えた成長ができます。

ここでやってはいけないことがあります。それは、強い会社がすでにそろっていて競争者が多く、規模も売上もやや横ばいになっている市場に参入し、しかも初期コストのかかるビジネスを始めてしまうこと、つまり競合が多く、当たるかどうかわからない状態で投資を受けて起業することです。それでは博打《ばくち》になってしまいます。

お金を3億円投資で調達できたとしても、自分たちの事業が成長する見込みがあるときの3億円と、見込みがないのに調達した3億円では、話がまるで変わってきます。

これは自戒を込めての「起業家あるある」ですが、特に凡人はまわりが気になり、自分と比較してしまいがちです。

業界ニュースとして「VCがA社に50億円出資」と取り上げられると、「50億円なんてすごい！」と思うわけです。ただ、一度でも投資を受けたことがあればわかりますが、金額そのもので評価はできません。高額の投資は、契約内容がものすごく厳しい場合が多いのです。

大きな金額の場合、投資してくれたＶＣに優先株という特殊な株を発行します。そして会社を売却したとき、優先株をもっている株主に対して先に分配するのです（厳密にいうと、会社法上、優先株自体の内容として定めることができるのは会社が清算される場合の残余財産の優先分配権なのですが、契約や定款で、Ｍ＆Ａの場合も会社が清算されたものとみなして、優先株をもっている株主に対して先に分配する旨を定めることができます。いわゆる「みなし清算」です。実務上、この点はセットになっているケースが大半であるため、以下優先株＝Ｍ＆Ａの優先という前提で話を進めます）。

たとえば、優先株をもっている株主のＶＣが出資した金額が50億円だったとします。会社が１００億円で売れた場合、出資した株主が優先的に50億円を回収する内容となっていることが多いです。つまり、１００億円で売却した場合、まず50億円はＶＣが、残りの50億円を株式比率で分配していくわけです。

さらに、株をＶＣが80パーセント、起業家が20パーセントもっていた場合、残余の50億円のうち80パーセントの40億円がＶＣに分配され、起業家に分配される金額は20パーセントの10億円になります。つまり、１００億円という高額で売却できても、起業家には10分の1の10億円しか残らないのです。

優先株の条項に、「売却の際には出資した額の2倍に達するまで優先して優先株主に対価が分配されます」と記されている場合もあります。もし50億円調達したときに優先株を2倍に設定されていたら、１００億円で売却できても、なんということでしょう、起業家には1円も入りません。

また、右のケースについて、「そのような状況であれば株式を売却しなければいいではないか」と思われる方もいると思いますが、高額の投資の場合には、一定の条件下で株式を売却することを契約で義務付けられるケースもあります（いわゆる「ドラッグ・アロング・ライト（Drag Along Right）」）。どのような場合に売却が義務付けられるかという条件の設定の仕方はいろいろあるのですが、投資家の過半数が要求した場合には売却が義務付けられるということもあるため、右記のように自分に対価が入ってこなくても株式の売却を強制されることもあるのです。

ですから、大きな金額を調達したというニュースを見ても、「これは分の悪い契約かも

資本政策次第では、売却後にお金が起業家の元に残りにくくなることも

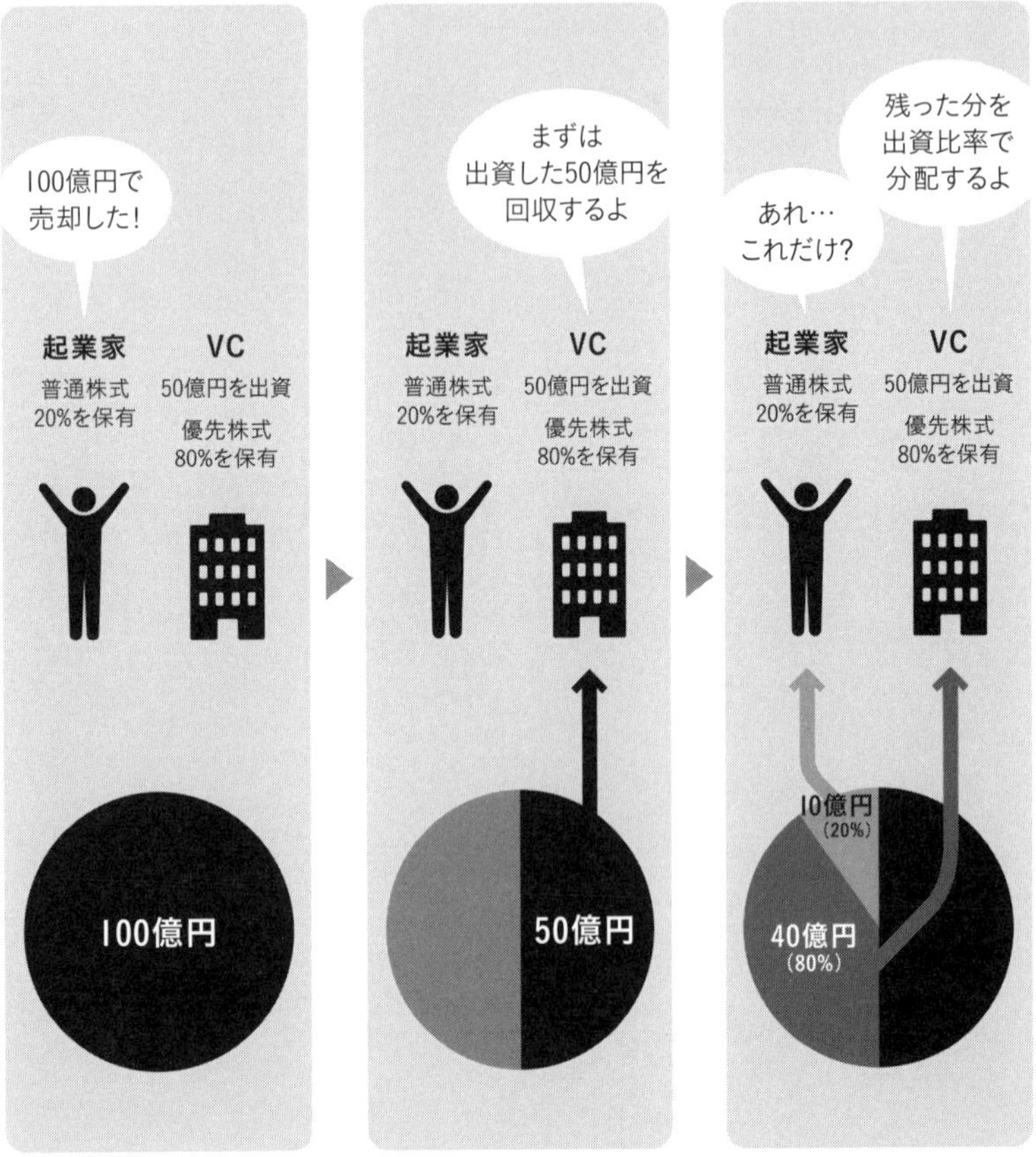

しれないから苦労するだろうな」と思われるケースもあります。

それがわかっていないと、金額だけ見て「すごい！　自分もたくさん調達しよう」となってしまうのです。何が勝ち筋かわからないまま調達し、事業を模索している間にお金が溶けていって会社が続かなくなるケースもあります。

資金がなくなってしまったら、会社は回りません。次の調達が必要になりますが、前回調達したお金が溶けてしまっただけで事業が拡大していない場合は、次に調達するのは難しくなってしまい、会社を清算することになります。

ですから、ちゃんと勝ち筋を見つけてから投資で資金調達していくことが、ぼくがおすすめする道筋です。

最初の３年で勝負する仕組みとして VCから出資を受けるのはアリ

ネガティブなことを並べましたが、ポジティブな要素もあります。

「出資＝外部株主を受け入れる」という足かせをはめることによって、上場に向けて邁進するという選択しかなくなる点です。

人間の心は弱いですから、つい怠けたりあきらめたりしがちです。しかし、「株主にキャピタルゲインを返さないといけない」という「やりきる仕組み」によって自分を追い込むことができます。株主がいることによって、きっちり成果を出さなければいけない状況に自分を追い込むのです。

「成長市場」といっても、成長し続けるのは5〜6年です。急激な成長なら4年でしょう。スマホゲーム市場を考えても、4年くらい急激に成長して、そのあとは横ばいです。ですから、資本を投下してリターンを得るスタートアップの賞味期限は、下手をすると3年といえます。

せめてその3〜4年に関しては、徹底的に仕事のことだけを考えられるようにしておかないといけません。

社長が無駄なことをしないためにも、株主への報告義務を負うことなどは、むしろ必要なことだけにフォーカスするような仕組みとなり得るのです。

最初の3〜4年は集中してやればリターンが明確に出てくるフェーズですから、自分を仕事だけに追い込むための「出資受け入れ」はポジティブだといえます。

大きく投下すれば大きく伸びるのがＩＴビジネス

たとえば飲食店であれば、勝負どころは毎日でしょうし、頑張ったとしても、リターンはそこまで大きくは変わらないでしょう。もし急激な成長を求めるなら、フランチャイズを一気に増やさない限りありません。

一方、ＩＴビジネスは、大きく投下すれば大きく伸びるということがあります。

たとえばメルカリがそうです。メルカリやグノシーは戦略が的確でした。スマホが伸びているときにスマホ向けのサービスを企画開発し、いいタイミングでテレビＣＭに予算を投下し、ユーザーを短期間に一気に１００万人、２００万人と獲得していく。

すると急激に伸びていきますから、社員数が少なくても売上基盤を大きくできます。そこがＩＴビジネスのいちばんよいところです。

大企業との業務提携をめざす起業もアリ

たとえば、大企業に企画を持ち込んで起業する、という手もあります。

ぼくもそれに近い形です。起業6日後に大手通信会社に企画を持ち込みました。これはたまたま監査法人が主催する大企業とスタートアップのマッチングイベントがあったからですが、今ではそのようなイベントはさらに増えているでしょう。

先述したように、大企業の担当者は、「イノベーションを興したいが社内ではできない」ジレンマを抱えています。つまり、大企業もイノベーターを求めているのです。

凡人起業では、失敗をしないようにバットを短く持ってヒットを狙うわけですから、自分の経験を生かして、自分の土地勘のある業界で起業します。その業界内で、どの会社がどんなことで困っていそうかは、それまでの経験で当たりがつくはずです。

「もともとこの業界にいたので問題点と解決法を考えてみました」と言って提案すれば、大企業も会ってくれるわけです。

きちんとした真面目な企画書は、相手にも喜ばれます。その結果、「業務提携してサービスをつくりましょう」となることもあるかもしれません。

市場の課題を把握したうえで、新事業を求めているけれど動けない企業に対して提案し、業務提携して一緒にやるという方法をとれば、ノーリスクで大きいビジネスを立ち上げることができます。

ぼくの場合は資本金２００万円で会社をつくりましたが、それでは広告予算もなければ人も雇えません。それでも自分に見えている景色だけはありました。

スマホビジネスをリードする大企業は、グーグルかアップルか通信会社です。グーグルとアップルは外資系ですから、ぼくと業務提携するなんて妄想です。

一方で、「この2社の台頭は、通信会社からすればすごくいやだろうな」とは想像できます。通信会社の大企業は、わかっていても変わることができなかったため、この2社に水をあけられたわけです。そんな大企業内には忸怩《じくじ》たる思いの人もいるでしょう。

彼らに対してゲームメディアビジネスを提案し、ユーザーの将来像やゲーム会社が抱えているマーケット上の課題をあげ、通信会社の強みを生かして端末でできることを提案すれば、話を聞いてくれるのではないか――凡人なりにこう考えたのです。

大企業はそもそも資金もあるしユーザー基盤もありますが、ユーザーに対しての新たな企画が弱いです。危機感はあるけれどもどうすればいいかわからないわけですから、的確な企画を提案すれば彼らもハッピーになります。

社内で進められないのだから、企画も立てられて丸投げできる社外の人間に依頼するのはＯＫ、という傾向はどの業界でもあるはずです。

「企画」といっても、ぼくの場合は天才がひらめくような内容ではなく、普通にその業界で働いていて、「あったら便利だろうな」と思ったことを提案しただけです。

ですから起業の一つの方法として、自分の業界内の大企業に提案していく、という方法もアリなのです。

自分がしてきたことを見直せば武器は見つかる

これまでコツコツやってきたことが〝わらしべ長者〟のようになって起業する、というのが凡人起業ですが、起業後のどのフェーズでもコツコツやることは変わりません。

起業するにせよしないにせよ、次につながる行動をしていくというマインドセットがこれからは重要です。

ぼくがコツコツ行動した目的は、自分で事業をつくれるようになりたかったからです。

とにかく確信をもってサービスを提供していきたかったのです。

先述したように、起業することへのハードルは低くなってきつつありますし、起業したあともイグジットしやすくなっています。誰もが〝わらしべ長者〟になる権利をもっていて、そのことに多くの人が気づいてはいるのですが行動に至らない、というのが現状でしょう。

自分が発揮できる価値を、幅広い人に提供してゆく、というのが、ぼくの凡人起業のあり方なのです。

そのなかで、いちばん大切なマインドが、「自分を回復すること」です。

多くの企業は、基本的に減点主義です。できないことを見つけられ、それをずっと言われ続けると、やがて自分が得意なこともできなくなっていきます。そんなレームダック状態で会社に勤めている人は、実は多いのではないでしょうか。

会社から否定されたとしても、そもそも自分ができていたこともあるわけです。ですから、会社と自分との関係を一度シャットダウンし、自分がやってきたことを素直に認めてあげてください。自分自身を認めてあげることが、スタートポイントだといえます。

安定した組織にいる限り、事業リスクを減らすために構造的に否定されるほうが多いのです。だから、まわりを横目で見ながら突出しないように、ミスをしないように働くわけです。それはあなた自身の問題ではなく、会社の構造がそうなっているからです。

しかもその会社の構造は、リスクヘッジのためには正しいのです。大きな売上を守るためにリスクヘッジする、というのが企業のやるべきことですから、ミスをしないように働くのが正しい姿です。

ただ、その中に身を置きすぎると、だんだん現状維持マインドに染まっていきます。真面目だから現状維持を保っているうちに、「自分には何もできないんじゃないか」という錯覚に陥ってしまうのです。

あなたがそう錯覚するのは当たり前のことで、それはあなたが悪いのではなく構造ですから仕方がないことです。ですから、構造はとりあえず横に置き、まず自分のことを認め、ほめてあげましょう。

ほめて自分を回復したうえで、自分は何をしてきて何ができるのか、冷静に客観事実を集めてみましょう。

そのなかから事業に結びつくものが、きっとあるはずです。ミスなく働いてきたのですから、あなたに身についた知見やあなたにしか見えないもの、あなたならできることが見えてくるはずです。

［「自分を回復する」5つのステップ］

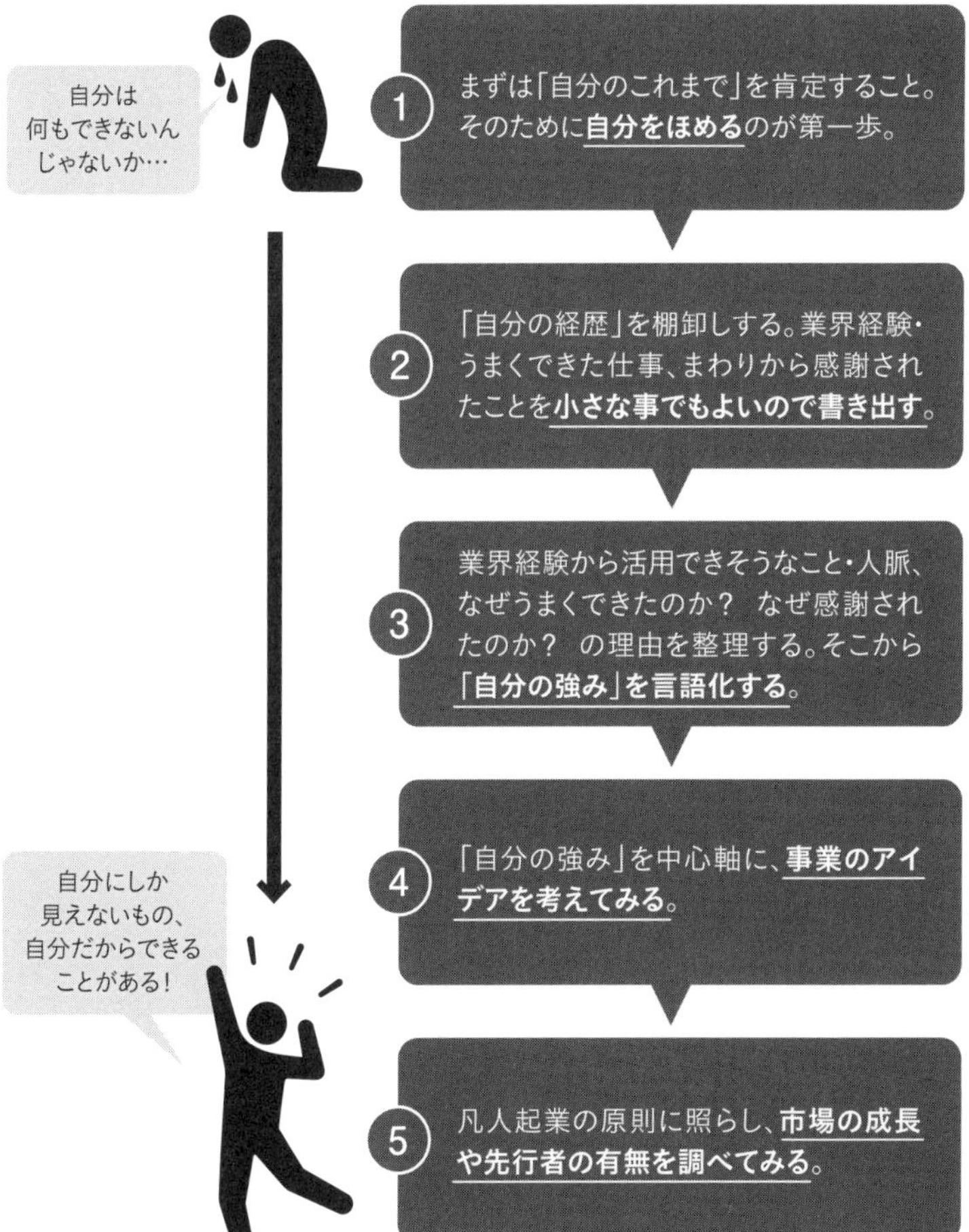

やりたいことではなく、負けないものを見つける。

負けない領域とは競争がない領域で、ぼくの場合はそれがスマホゲーム市場でした。

負けない領域を見つけられたら、その領域の第一人者になれます。

そして、自分の領域で第一人者になる具体的な方法が、次章で紹介する「凡人起業ドリブン・スキル編」です。

第2章 まとめ

「凡人起業」の戦略

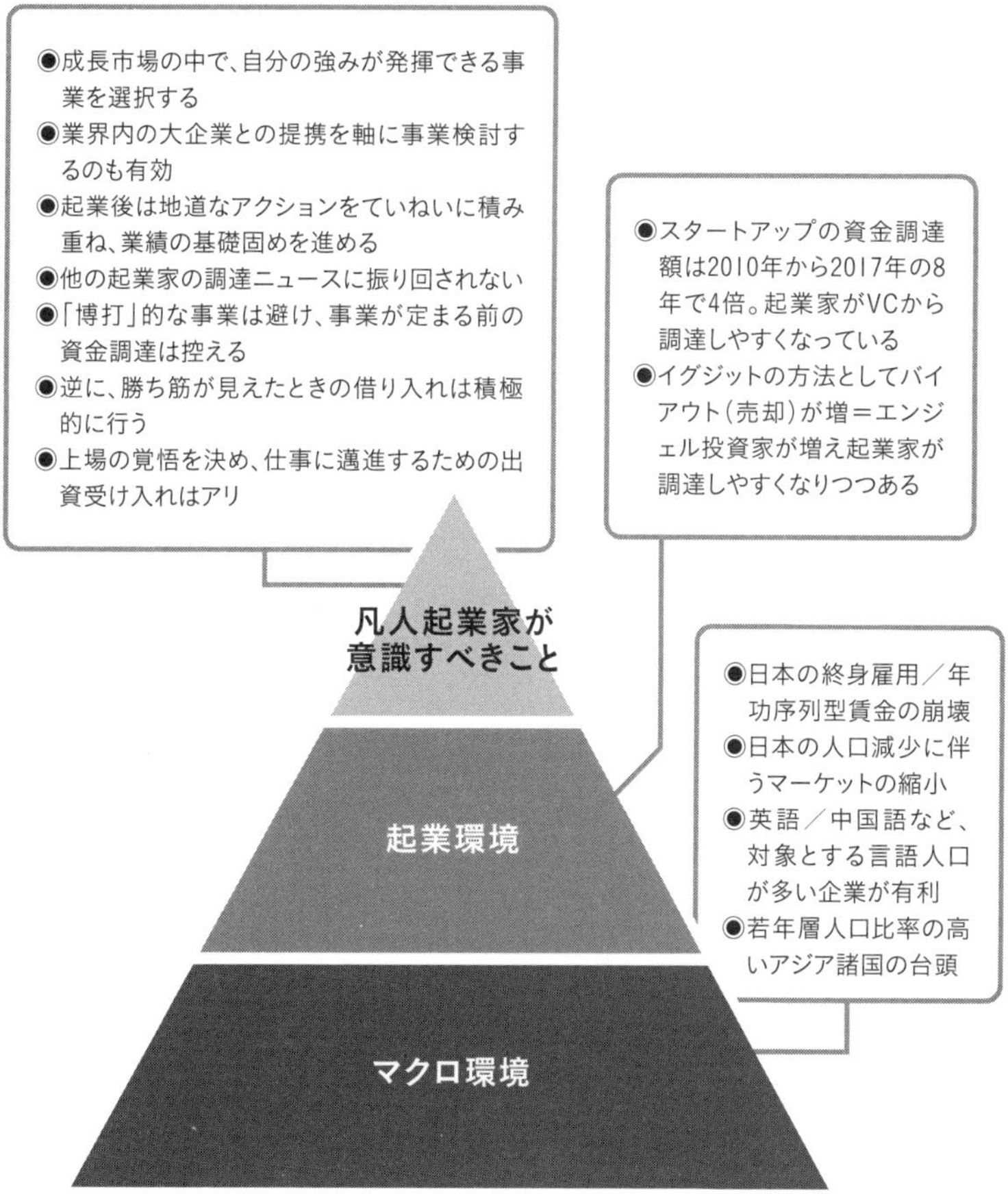
◉成長市場の中で、自分の強みが発揮できる事業を選択する
◉業界内の大企業との提携を軸に事業検討するのも有効
◉起業後は地道なアクションをていねいに積み重ね、業績の基礎固めを進める
◉他の起業家の調達ニュースに振り回されない
◉「博打」的な事業は避け、事業が定まる前の資金調達は控える
◉逆に、勝ち筋が見えたときの借り入れは積極的に行う
◉上場の覚悟を決め、仕事に邁進するための出資受け入れはアリ
◉スタートアップの資金調達額は2010年から2017年の8年で4倍。起業家がVCから調達しやすくなっている
◉イグジットの方法としてバイアウト（売却）が増＝エンジェル投資家が増え起業家が調達しやすくなりつつある
◉日本の終身雇用／年功序列型賃金の崩壊
◉日本の人口減少に伴うマーケットの縮小
◉英語／中国語など、対象とする言語人口が多い企業が有利
◉若年層人口比率の高いアジア諸国の台頭
凡人起業家が意識すべきこと
起業環境
マクロ環境

第3章

起業したい人はコレをやろう

凡人起業ドリブン・スキル編

凡人には「やりきる仕組み」が必要

最初は考えていなかったことですが、ぼくの凡人起業を振り返ってみると、

1 成長市場に参入する
2 その道のプロになる
3 仕事に集中する仕組みをつくる

という3原則に整理できます。

しかしどんなフレームワークがあっても、やりきらないと意味がありません。凡人ですから自主的にはやれないので、やりきる仕組みをつくっていくことが大切です。コツコツ努力すればいいのですが、それができないのが凡人です。そこでぼくが講じた手段は、

- 株主と週1回定例打ち合わせをする
- 情報の収集／発信をサボらないための監視役としてフェイスブックを使う

[凡人には「やりきる仕組み」が必要]

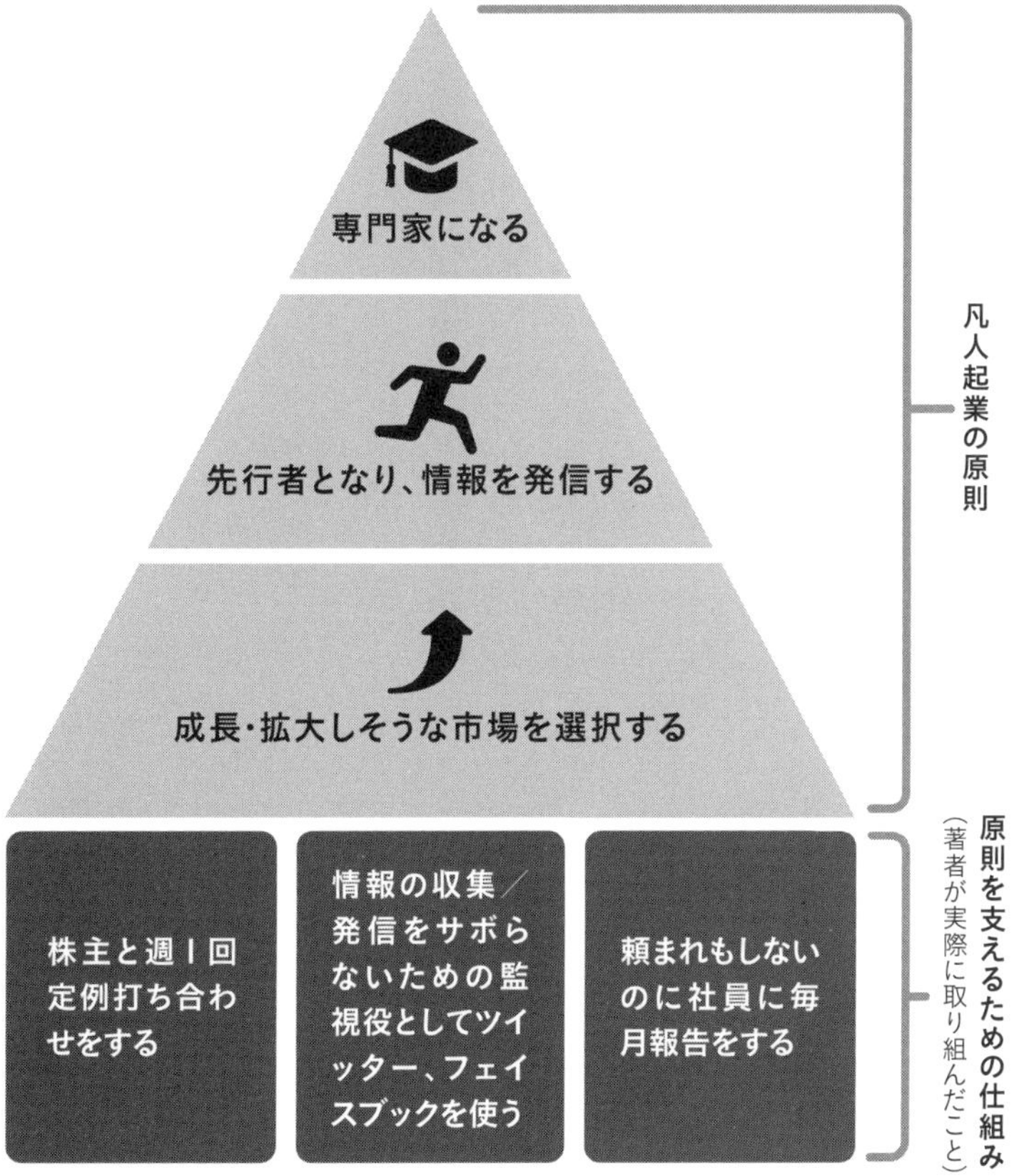

・頼まれもしないのに社員に毎月報告をするです。これらは、なるべく失敗しないようにする仕組みです。サボると誰かに怒られたり、「三日坊主かよ」と軽蔑されるような状況をつくる。

当時の自分は起業に関してはずぶの素人で何もわかっていないのですから、自分の感性を信じずに〝監視役〟をつけていくことが、凡人のぼくには必要だったのです。

フェイスブックを「仕事場」ととらえる

自分がやることを監視してもらうという意味でも、フェイスブックは有効でした。

実際にやってみて実感したのですが、フェイスブックのアカウントは本当に起業に向いています（最近はツイッターも実名が増え、ビジネスについての投稿が増えていますので似たような状況になっています）。情報発信など、プロ化に向いているツールがフェイスブックなので、「フェイスブックは仕事場だ」と割り切って使いましょう。

フェイスブックには会社の垣根を越えて人が集まってきますから、特定の領域の情報を発信していくと、特定の人たちから友達申請されます（ツイッターではフォローされます）。

自分がその業界で未熟だったとしても、フェイスブックのアカウントで恥も外聞も捨てて情報発信をしていくと、やがてプロが集まってきます。プロから反応が出始めると、どんな情報に反応が多いかもわかってきますし、その人たちとSNSでつながると、自分から連絡しやすくなります。

ぼくも、フェイスブックを通じて知り合った人をランチに誘いましたが、実際に会うとウェブ上のニュースで見た二次情報ではなく、まさにその分野で戦っている人のナマの一次情報を聞けるので、自分がよりプロ化されていきます。

それを繰り返していくと、自分が発信する情報の内容も、よりプロらしくなっ

［ 情報発信することで、「プロ」になるためのスパイラルを回す ］

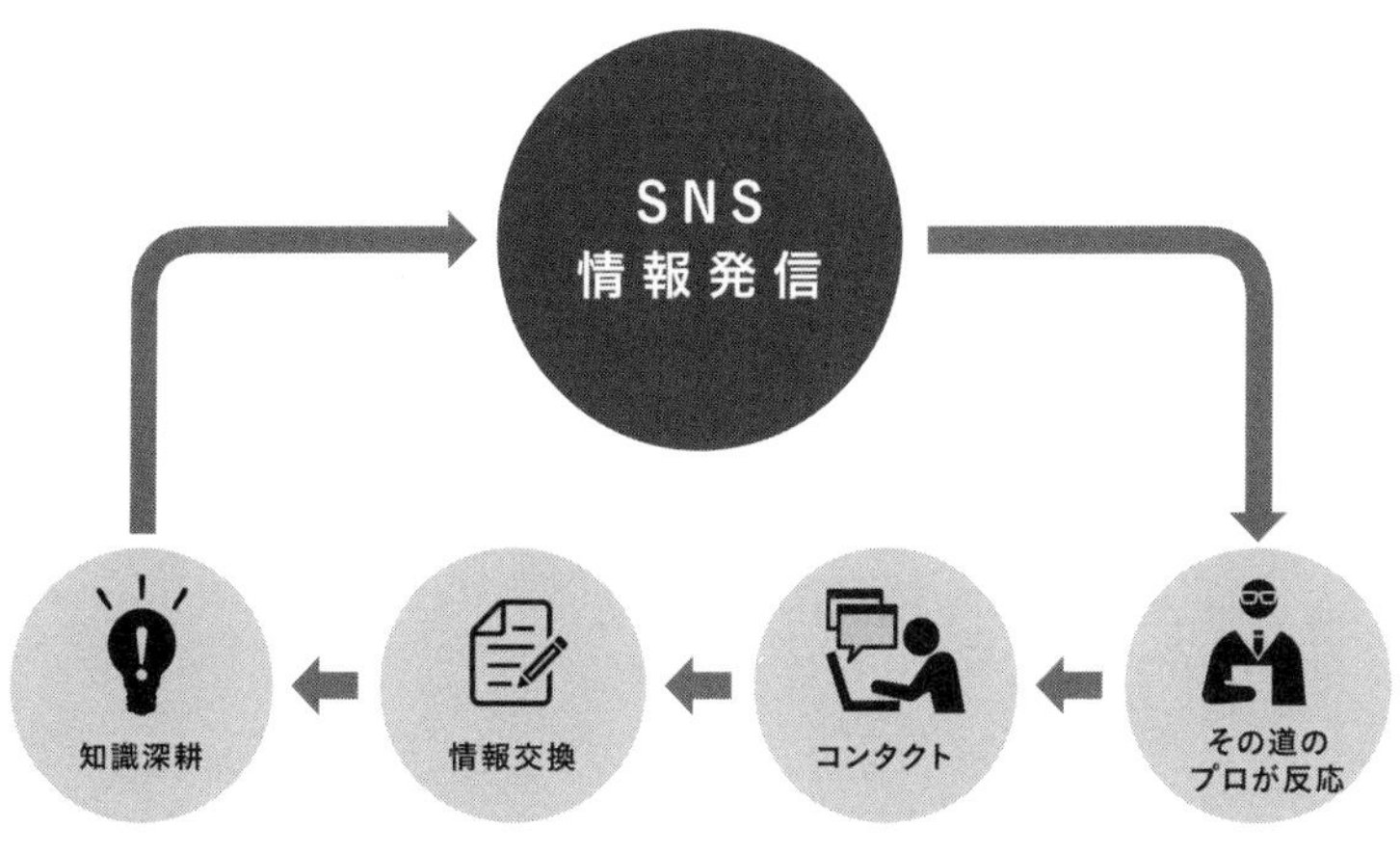

ていきます。そのスパイラルが回り始めると、ゲーム会社の幹部の人たちがぼくの情報に対して「いいね！」をしたりコメントをしてくれるようになるわけです。

初対面がいちばんハードルが高いわけですが、フェイスブックで業界情報を発信していると、向こうから反応してくれるので、その人たちとつながっていけばいいわけです。

フェイスブックで実績が積まれると、業界媒体に連絡しても話を聞いてくれます。ぼくが「こういう情報を発信している者ですが、寄稿させてくれませんか」とお願いすると、了解してくれました。「ソーシャルゲームインフォ」「GameBusiness.jp」など、一般的にはあまり知られていなくても、業界人がよく見ている媒体で寄稿を始めることができたのです（おそらくどの業界でもそのような媒体があるはずです。なければつくるのも有効な手です）。

ぼくの署名記事にフェイスブックのアカウントを書いておくと、その記事を見た人たちがどんどん友達申請してくれます。そうしてその人たちと会って話を聞いてまた発信する、というサイクルがどんどん回っていくのです。

そうしていくうちに、その媒体の中でAndroidゲームなどの特化した情報発信をしているほとんど唯一の人になっていきますので、「Androidでビジネスをやるときは小原に相談したほうがいい」という立ち位置になっていきます。

フェイスブックのアカウントを活用すれば、仕事として成立していくということです。

業界の問題と解決策を提案して起業する

フェイスブックに連絡してくださる方々は、みなさんAndroidゲームという特定分野に強い関心をもっている方々です。その方たちに対して、今のAndroidのゲーム市場がどうなっているかなどを資料にまとめ、個別に10人くらいに会って説明しました。

10回も説明していくと、資料も徐々にブラッシュアップされていきます。そのブラッシュアップされた資料を、セミナーや講演で使っていきます。講演中にはもちろん自分のフェイスブックアカウントの紹介をします。講演後に名刺交換をすると、聴講者は「相手は講師」という気持ちで友人申請してくださいます。

すると、Androidゲームに興味があるプロが、どんどん集まってくるようになりました。数十人も集まると、業界がどうなっているかも見えてくるし、だいたいのことは自分の言葉で話ができるようになっていきます。打ち合わせの話が次の打ち合わせへと折り重なっていくなかで、コンサルティングの発注もいただくようになります。

高い料金ではなくあえて安い料金で多くの会社のコンサルをして情報を得て、深い情報が語れるようになってくると信用も増します。信用されてくると、業界の現状や彼らが抱えている課題など気軽に相談してくれる関係になっていきます。「この人に何か言うと何かアドバイスしてくれるにちがいない」と思われますし、実際にそれができるようになっています。

たとえば、「自社タイトルのAndroidユーザーがほしいけれど集客手段がなくて困っている」「実はiPhoneよりもAndroidユーザーのほうが課金率が高い」といった話が、コンサル先の会社からヒアリングできます。

このようなことを繰り返して最終的にぼくの起業テーマにつながった景色は、「ゲーム会社は、iPhone版のゲームを紹介する手法はあるが、Android版のゲームを紹介する手法がない」ということでした。

そこに確信をもったので、大手通信会社に「Androidにこういった媒体があるとゲーム会社もうれしい、ゲーム会社は協力してくれるから結果として何よりもユーザーが喜びます」という提案をしました。そうやって起業とともに新規事業を提案して、業務提携していきました。

[新規事業のタネの見つけ方]

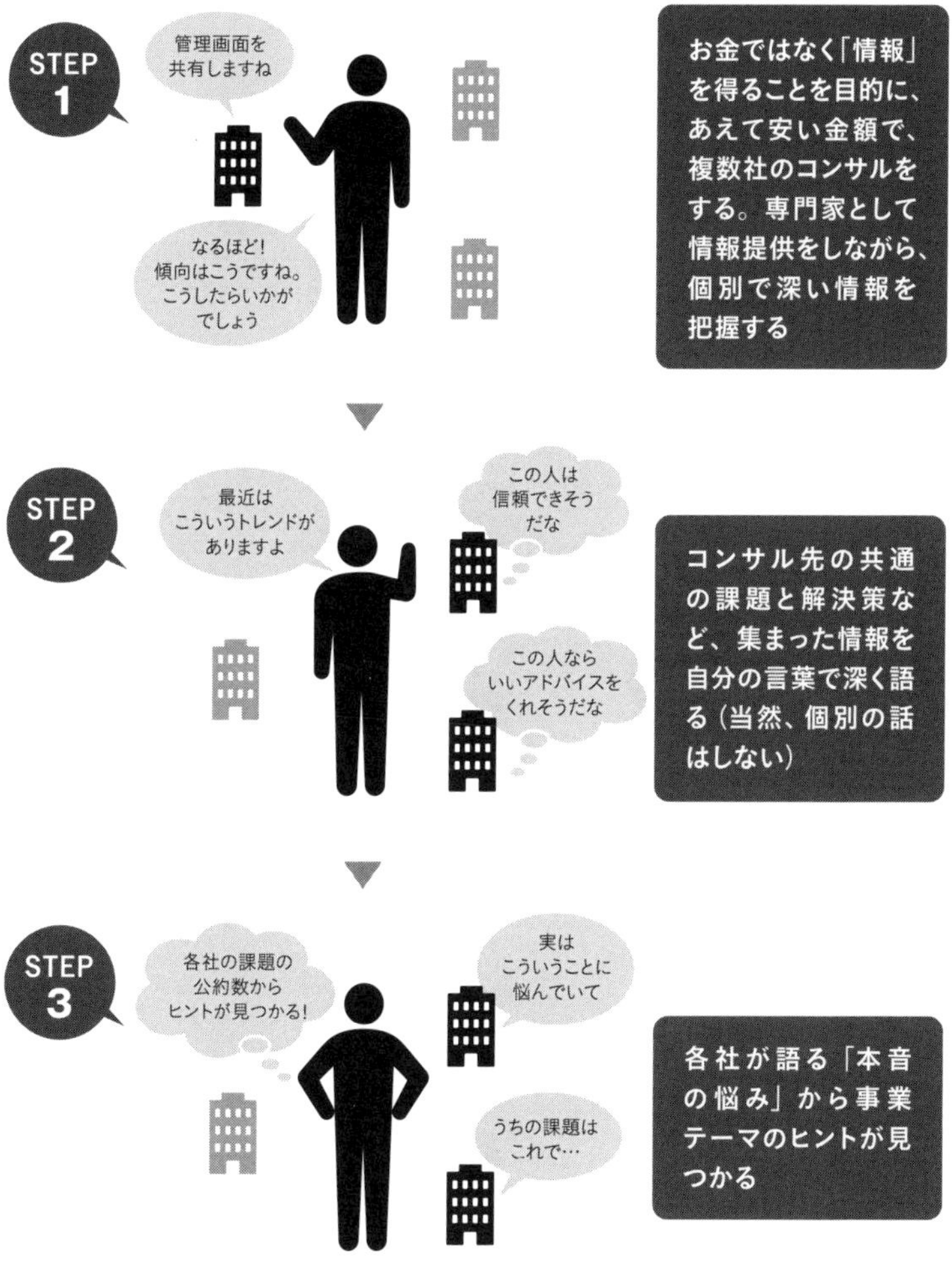

以上が、ぼくがやった凡人起業のあらましですが、この章ではそれを体系化し、汎用性をもたせてみました。名づけて「凡人起業ドリブン・12のスキル」です（凡人なので、なんにでも名前を付けるのが好きなのです）。

[凡人起業ドリブン・12のスキル]

スキル00 今いる会社の社長に起業の相談をする	スキル01 競争を避ける	スキル02 毎日継続できる、レベルの低いことをする
スキル03 毎日継続せざるを得ない養成ギプスをはめる	スキル04 無料セミナーをし、資料をつくらざるを得ないよう追い込む	スキル05 自分を信用していないからヒアリングを大切にする
スキル06 誰も否定できないことを整理して先駆者感を出す	スキル07 お金がないから広報に取り上げられる工夫をする	スキル08 自分にはチャンスが少ないことを認識し、真剣に提案する
スキル09 お金の使い道が見えてから資金調達する	スキル10 社員に名前を売ってもらう。売れば売るほど営業が不要になる	スキル11 ニッチでもNo.1と言える領域を徹底的につくる。そこが伸びるとトップシェアの自分たちが最も伸びる

スキル00

今いる会社の社長に起業の相談をする

起業すると、会社員時代と最も違うことは何か?

それは「資金繰りの苦労」です。

起業する前は自分の中で盛り上がっても、いざ起業してみると資金繰りのつらさに絶望します。ですから、起業前に売上の見込みを立てることが何よりも大切だと考えてください。ここが突破できないと、起業して売上を立てられるわけがありません。

売上の見込みの立て方でオススメなのが、「起業を思い立ったら、今いる会社の社長に相談する」ことです。

あなたが真面目な会社員であれば、会社の中に信用が溜まっているでしょう。その場合、上司や、中小規模の会社なら社長もあなたに感謝していますから、「起業後もどうにかうまくいってほしい」と応援してくれ、具体的に行動してくれるかもしれません。

もし、まだ信用が溜まっていないなと感じているなら、まず今の会社で信用を溜めましょう。また、早い段階で起業をすることを上司や社長に言っておくべきです。将来、起業するときに応援してもらえるように布石を打っておくのです。

第1章の「会社を辞める前から起業の準備を整えておく」（27ページ）で詳しく説明しましたが、ぼくは起業前、所属していた会社の社長に、①事前に、やがて起業するという意思を伝え、②起業のタイミングがきたときには応援していただき、③会社設立後に、社長にとってもメリットがある形で両社で協業しました。

この「スキル00」は、会社員のあなたが起業を考えたとき、最も大事なことですので、ここで改めて取り上げました。

起業を考えるときは、夢と現実の両方を直視しましょう。

スキル01 競争を避ける

ぼくは大学受験などで「勝った」経験がありません。競争状態に入ることを避けてきました。競争で勝ってきた人は、むしろ競争が楽しいかもしれませんが、ぼくは競争になったら負ける確信があります。

たとえば、グループワークなどは「頭のいい人の競争」みたいな様相を呈するので嫌いです。1人でやったほうがいい、という精神構造の持ち主です。

そのため、ぼくはiPhoneユーザーでしたが、スマホでビジネスを考えたときは、競争の少ないAndroidを選択しました。

スマホが成長するマーケットだということは誰の目から見ても明らかなので、起業する人、新規事業を考える人はほぼみなさんiPhoneでビジネスをしたがります。そこでぼくは、スマホ成長市場の中でAndroidに逆張りをしました。

たとえば、全体のボリュームが1兆円の市場に1万社のプレーヤーがいる場合と、市場規模は5000億円だけど競争社が100社しかいない場合なら、後者のほうが1社あたりの売上が大きくなりますから、そこに参入していくというロジックです。

凡人起業では、**まず競争を避け、失敗の確率を落とす**ことを考えましょう。

[スキル01 競争を避ける]

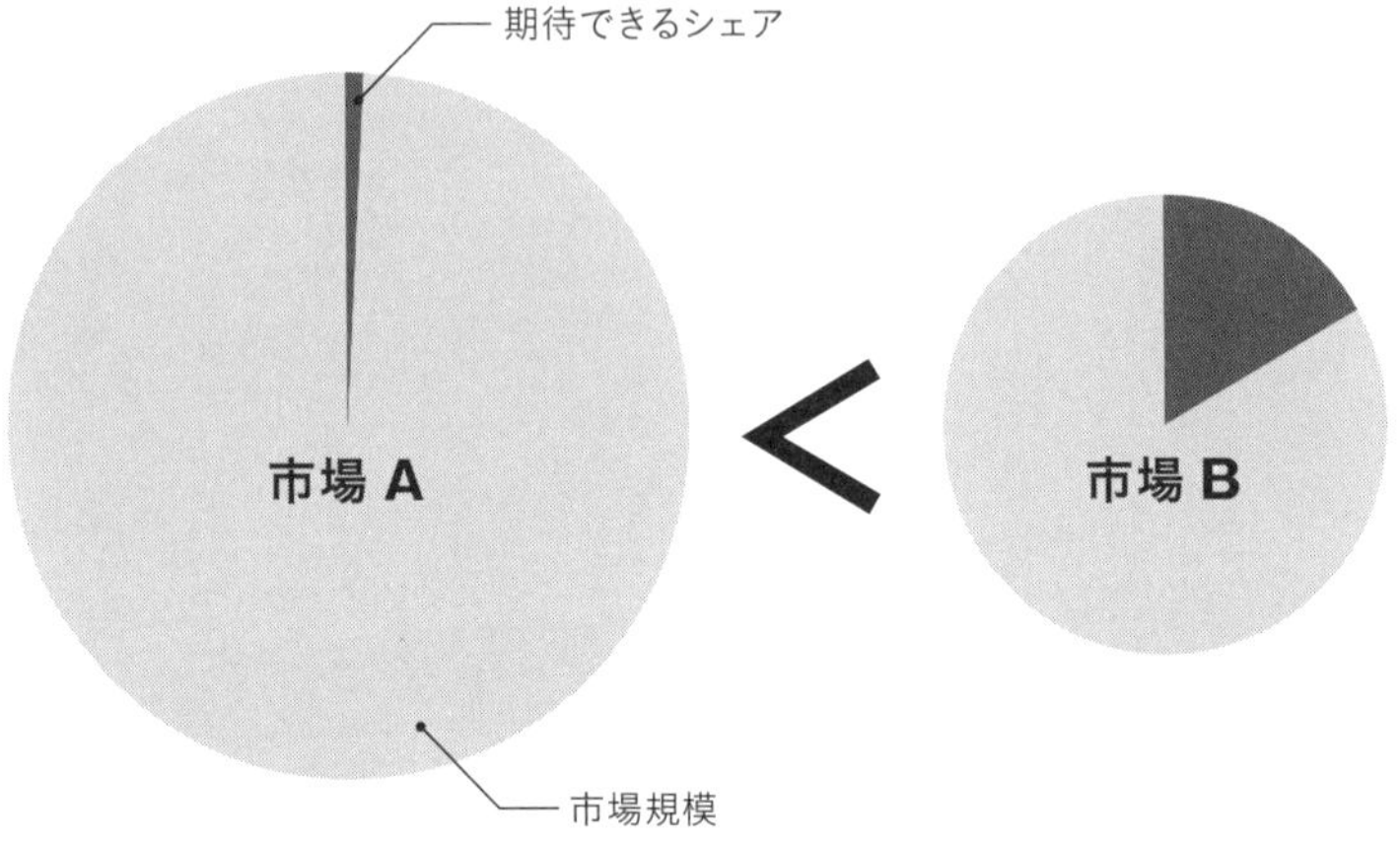

数兆円の 大規模市場	市場規模	数百億～数千億の 中規模市場
すごく多い	競合の数	少ない
数ある会社の 1社になってしまう レッドオーシャン	新規参入の 魅力度	トップシェアが 狙える ブルーオーシャン

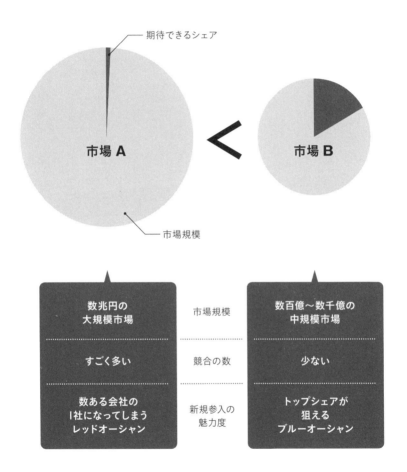

スキル 02

毎日継続できる、レベルの低いことをする

「参入する市場はスマホ、逆張りでAndroid」というテーマは決まりましたが、どうすればAndroidのプロになれるか、その段階では具体的なイメージは描けませんでした。

いちばん手っ取り早い手段として思いついたのが、いかにも凡人ですが「その道のプロにアポを取り、会って話を聞く」という方法です。しかし、相手からすれば「なんであなたのために私の時間を提供しないといけないの？」となります。当然、連絡をしてもレスはありません。

そうすると、「誰にも頼らず自分で詳しくなるしかない」となります。そこで目をつけたのが〝Googleアラート〟という仕組みでした。

ぼくがやったことは、Googleアラートに「Android　ゲーム」と設定することです。するとグーグルが、その2語が含まれた記事が出ると毎日メールで教えてくれます。

これに毎日目を通すと、間違いなくAndroidゲームに関する知識が増えていきます。

「毎日なんて膨大な量じゃないか」と思われるかもしれませんが、始めたときはまだ

Androidゲームの情報が少なかったため、記事もたいした量ではありませんでした。たいした量ではないものの、網羅的にAndroid関連の情報を知ることはできます。「こういう会社が参入して、その共通点はこうだな」ということが見えてきます。

情報を毎日読みながら、さらにやったことが、1日5~10件入ってくる記事のURLとタイトルを自分のブログに貼り、短いコメントを入れることでした。

「昨日のAndroidニュースのまとめ」など、なんてことはないブログです。それを2か月くらい毎日やっていました。

集めた記事を読むだけであれば、飽きっぽい凡人ですから、たぶん3日でやめてしまう。そこでブログを開設して、自分でまとめていく、という「ルール」で自分を縛ったわけです。

簡単に言えば、「グーグルのニュースを紹介して要旨をまとめる」だけですから、気の利いた高校生でもできることです。朝起きたら記事に目を通し、まとめてブログにアップする、ということを生活のルーティンにしていました。日課にすると、やらないと気持ち悪くなっていきます。

それに、朝それをやると、「仕事をした気」になるんです。しかも、自分で決めたことが毎日できているとうれしくなります。

[スキル 02 毎日継続できる、レベルの低いことをする]

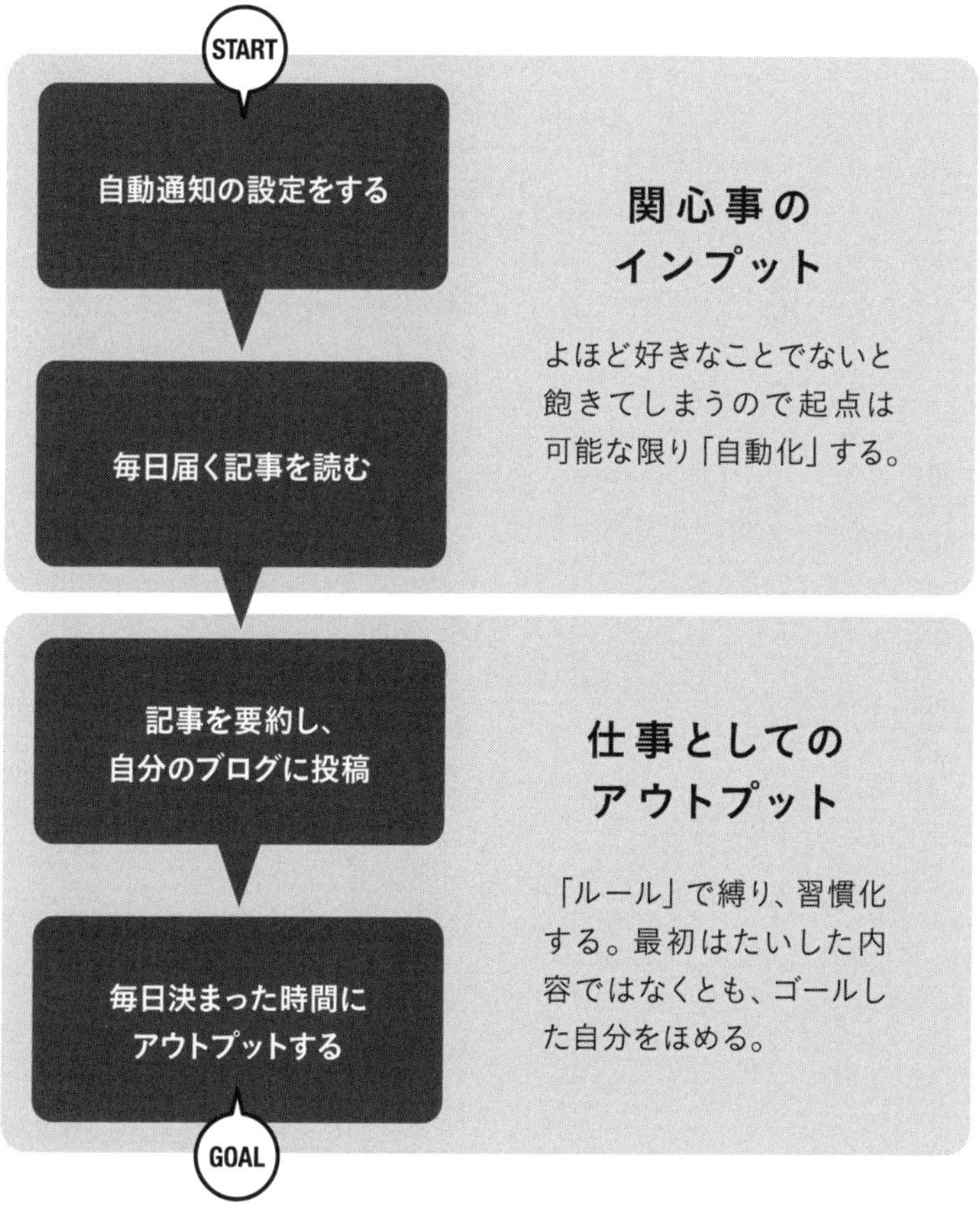

さらに、「昨日は朝10時に終わったけど今日は9時50分に終わった」となれば、なんだか上達したような気になってモチベーションも上がり、自分をほめてあげたくなります。

1人でやっていると、心が弱いからやめてしまいそうですし、誰もほめてくれないのでモチベーションも上がりません。ですから、**自分を鼓舞して自分をほめる**、という環境をつくったわけです。

スキル 03 毎日継続せざるを得ない養成ギプスをはめる

さらにもうひと工夫します。ブログにアップした記事を、フェイスブックにも投稿するのです。

それまでフェイスブックへの投稿は、「何を食べた」「どこへ行った」というプライベートな出来事が中心でした。しかし起業をすると決めてから、先述したように「フェイスブックはAndroidのプロになるための仕事の場」ととらえ、オフィスだと思うようにしたのです。

投稿する内容が変わったので、友達は最初は驚いたようですが、「小原は小原なりに何か考えをもってやっているんだろう」と解釈してくれたようで、内容もわからないし興味もないAndroidに関する記事でも、毎日投稿していると「いいね！」をしてくれます。

根が単純ですから、「いいね！」をされるとうれしくてやめられなくなります。また、友達の目が、「アップしないとサボっていると思われる」と監視の目のように感じられて、頑張れるわけです。

これを続けて1か月くらい経つと、友達や知り合いだけではなく、知らない業界人がぼくの記事に「いいね！」してくれるようになりました。

もともとのフェイスブック友達はぼくの生活に興味がある人たちで、Androidの記事についてはない興味はないけれど背中を押してくれる意味で「いいね！」をしてくれる人たちです。

一方、Android記事に興味がある人はぼくを友達とは思っていなくて、ビジネスマンとして近づいてくるわけです。彼らはぼくがAndroidの記事を発信すると反応し、コメントしてくれます。

知り合いではない人が集まってくることで、情報の集まり方が激増しました。「この情報、間違ってますよ」「この話の裏側はこうなってるよ」と、ありがたいことに教えてくださることもしばしばありました。

フェイスブックを仕事場にして2か月後にぼくがやったことは、フェイスブックにコメントをくれた、Androidゲームの最前線で働いている人たちに会いに行くことです。最初にこの業界で働いている人にアポを取ってもレスがありませんでしたが、投稿を続けているうちに「小原はAndroidに対して一定の熱量をもってやっている人だな」と認識されたようで、連絡するとついに会ってくれるようになりました。

ランチをしながら、業界のニュースには出てこないAndroidのゲームに関する深い情報を教えてくれます。言ってみれば、ぼくのフェイスブックはAndroidのニュースに関するハブになったわけですから、さまざまな人をランチに誘いやすくなりました。

昨日ランチした人が教えてくれた情報を、今日ランチした人に教えてあげると、その人は「小原はそんなことも知っているんだ」ということで、同じテーマの違う情報をトレードしてくれます。

そうすると情報が循環してきて、Androidに関してすごく詳しくなれるわけです。つまり、自分が専門家、プロのようになってくるので、どんどん楽しくなってきます。「プロ」と認識されたようなので、今度は業界紙にお願いして寄稿を始めたというのは、先に書いた通りです。

スマホゲーム市場は、誰もが成長市場だと思っていましたが、Androidはプレーヤーが少なく、情報発信をする人がほとんどいませんでした。凡人のぼくがその道のプロにすぐなれたのはそういう背景があったのです。

もしぼくがiPhoneの情報を発信していたら、単に「意識の高い人」「iPhone好き」という認識のされ方だったでしょう。Androidという、成長産業の中のニッチな分野だからこそ、戦略的にプロになれたのです。つまり、**これから成長する市場のニッチな分野であれば、すぐプロになれてビジネスにもつながる**でしょう。

これはスマホゲーム業界のみならず、どの業界でも応用可能です。ぼくの話を参考にしてＲＰＡ（ソフトウェアロボットによる業務自動化）業界の情報を発信している起業家がいますが、その人にもＲＰＡ業界の人たちから連絡が来るようになったそうです。介護業界の起業家も同じようなことを言っていました。この方法はどの業界でも通用する方法だといえるでしょう。１か月ずっと発信し続けていると、連絡は必ず来ます。

起業を考えている方は、**「フェイスブックやツイッターはプライベートではなく仕事の場」**と頭を切り替え、仕事の習慣に組み込んでしまいましょう。

[スキル 03 毎日継続せざるを得ない養成ギプスをはめる]

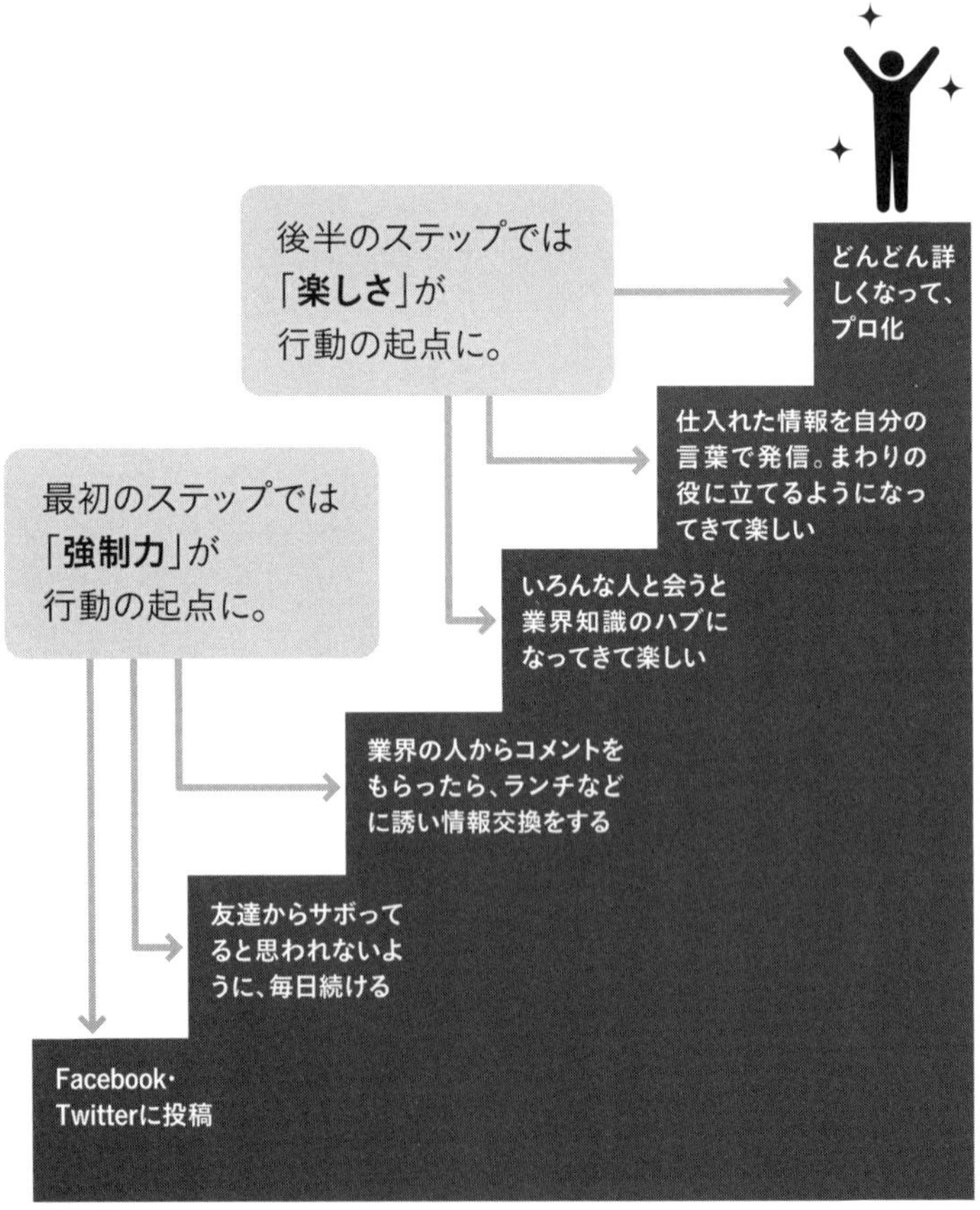

スキル 04
無料セミナーをし、資料をつくらざるを得ないよう追い込む

「セミナーなんて〝先生〟がやるもので、凡人にはハードルが高い」と思われるかもしれませんが、実はそうではありません。

というのは、セミナーを行うときには自分のフェイスブック上でも告知するので、結果としてセミナー参加者の中にはすでに知り合いの人たちが一定数いるからです。

全然面識のない人に向けて話すのは、さすがに凡人のぼくには無理です。しかしフェイスブックで知り合っている人たちがいれば、ある種の同窓会というかオフ会みたいなもので、ハードルはそこまで高くありません。話せる雰囲気がつくられているなかで今までの集大成を話すだけですので、心理的負担はほぼゼロでした。

セミナーも、回を重ねるうちに慣れてきて勘所がわかってきますし、そうなるとやがては初対面の人が相手でも話せるようになってきます。

正直に言えば、面倒くさいので実はセミナーはやりたくありません。それでもなぜやるかというと、セミナーの日程を決めたら、資料をつくらざるを得なくなるからです。実は

参加者のみなさんのためではなく、自分の現時点での「まとめ」をするためにセミナーを設定しているという、こざかしい凡人がぼくなのです。

宿題の提出日がないと動かないのが凡人です。子供の頃も、夏休みの終わり近くになってから宿題をやり始めていました。

期限を切れば、最低でも前日には手を動かさないといけませんから、とにかく無料でもセミナーを設定します。セミナーの資料づくりによって、自分の知見を体系化することができます。定期的にセミナーをやれば、自分の中で情報の整理ができるわけです。

締め切り日が決まれば、いかに凡人でも資料をつくり始めますから、このような〝強引な仕組み化〟は必要なのです。

なぜなら凡人ですから、重要度が高くても緊急度が低いことはできません。だからこそ緊急度を上げる仕組みをつくる。自分を追い込むために緊急度を上げていき、慣れてくるとストレスが軽減し、自然にできるようになっていき、ランナーズハイになっていくのです。

もう一つ本質的な効能があります。多くの方がそうだと思いますが、「自分の仕事を整理して人に説明する」ということは基本的にやらないでしょう。やる必要がないからです。

[スキル 04 無料セミナーをし、資料をつくらざるを得ないよう追い込む]

凡人の思考

自分の
ナレッジを体系化し、
事業を加速させたい

体系化するには
資料などの形に
落とし込み、
蓄積する必要がある

でも資料をつくるのは
めんどくさい!
(凡人だから)

凡人起業家として乗り越えるための仕組み

無料でも
セミナーすることを
有識者に伝えておく

セミナーの依頼を
いただいたらSNSで告知
(知り合いが来るなら
登壇ストレスも軽減される)

セミナー開催が
決まっていれば
その日までに
資料をつくるしかない
(追い込む)

しかし、**プロになるためには知識の体系化が必要**です。体系化するためには資料をまとめる必要がありますが、その必要性がなければ、まとめようと思いません。

ですから、資料をまとめるための義務として、セミナーをやっていくわけです。

セミナーはプロではないとできません。しかし3か月間情報発信をし、一次情報を踏まえたうえでフェイスブックにオリジナル記事を発信するくらいになっていると、その反応を見ることで、情報がほしい人のニーズがだいたいわかってきます。

それらを体系化すればセミナーもできるわけです。徐々に筋肉をつけていきながら、走る距離を長くしていくようなものです。

これも自分を追い込む仕組みの一つです。これは会社の仕事でもそうではないでしょうか。特にぼくの場合、追い込まれないと動けないので、追い込む仕組みが必要なのです。

スキル05 自分を信用していないからヒアリングを大切にする

「成長産業ではすぐプロになれる」といいましたが、各社のゲームタイトルの事業成績を明確に知ることができれば、もう間違いありません。Androidゲームのビジネスの深い情報を得るためにも、業界各社の事業成績を知る必要があったのですが、この情報は社外には出ません。

どうするかというと、Androidゲーム市場に詳しい存在になっていれば、コンサルの依頼がきます。そこであえて安い料金で10社くらいのコンサルタントをして内部情報をヒアリングするわけです。いろいろな会社のコンサルタントをして情報を把握し、10社ほどの開発予算や集客数、売上などの情報を集めます。

各社のデータがわかれば、ゲームジャンルごとの傾向と、さらに細かい費用対効果が計算できます。費用対効果がわかると、それに合うサービスをつくれれば売れることがわかります。

中に入って事業成績を見ないと、ユーザー1人あたりどれくらい課金して、どれくらい継続起動しているのかなどはわかりません。その数字は、ゲーム会社10社15タイトルくらい見れば、おおよそ見えてきます。

すると面白いことがわかりました。同じタイトルのゲームでも、Android版とiPhone版が出ていた場合、iPhoneのほうは集客がしやすいがAndroidは集客しづらい、という傾向があったのです。

iPhoneは目立つしかっこいいのでみんなが使う。そのためゲーム紹介事業者もたくさんおり、集客手段は確立されていました。しかしよく見ると、アプリをダウンロードして落とす金額や課金するユーザー数は、実はiPhoneよりAndroidユーザーのほうが高かったのです（実はその当時、iPhoneはクレジット決済のみで、Androidは通信会社が提供するキャリア決済が使えました）。

iPhoneユーザーはお金を落とさないが、Androidユーザーはお金を落とす。しかしユーザーのボリュームを見ると、Androidのほうが圧倒的に少ない。なぜ少ないのか各社に聞いてみると、「Androidは集客する方法がない」という答えでした。

つまり、Android向けの集客手段を提供できたら当然ニーズがある、ということがヒアリングを通じて見えてきました。

Androidも一応、集客はしています。どんな方法かというと、ゲーム雑誌にクーポンをつけるという方法です。

当時はスマホゲームのクーポンをつけるだけで、雑誌が30万部も売れる時代でした。『ファミ通』という、ゲーマーにとっては神のような雑誌がありますが、調べてみると、それよりも認知度は低いであろう『アプリスタイル』というゲームクーポン雑誌のほうが

5〜6倍も売れている号があることがわかりました。

さらに調べてみると、有名なゲームのクーポンがついているときや、クーポンがたくさんついている号は、売れる部数が非常に多い。つまりユーザーは、雑誌の知名度で買っているわけではなく、クーポンの内容で買っていたわけです。

それなら、有名なゲームのクーポンを入手してリクルートの『ホットペッパー』のように撒けば簡単にユーザーがつくことが、自分のなかの景色としてくっきりと見えてきました。

ゲーム会社は自分たちのクーポンを無料で雑誌に提供していましたが、紙媒体はネットと相性がよくないので1ゲーム100人くらいしか入ってこない、しかし雑誌のクーポンを使ったユーザーは、クーポンを使わないユーザーの5倍から10倍もお金を払ってくれる……こうしたこともコンサルを通じて知ることができました。

ですから、ゲーム会社はむしろクーポンをばら撒きたい。特に集客が乏しいAndroidのゲーム会社は、ゲームのクーポンをつけたメディアがあれば協力したいと思っている……そのことがわかりました。

ユーザーはクーポンが載っている雑誌をわざわざコンビニで買ってコードを入力しますが、その手間を省き、オンラインで無料でクーポンをもらえたら、雑誌を買っている人の

10倍くらいは使ってくれるに違いありません。

しかもゲーム会社は、「クーポンを使ったユーザーはお金払いがいい」ということはわかっている。ですから、「Androidのゲームクーポン付きメディアを立ち上げませんか」という企画をゲーム会社にもっていけば、「どこの馬の骨かわからない小原だけど協力してもいいかな」と思うわけです。少なくともぼくがコンサルしていた10社に提案すると、「いつでもクーポンを提供するよ」と言ってもらえました。

ユーザーは無料クーポンをほしがっている、ゲーム会社も協力してくれそう、しかもコンサル先は明確に協力してくれると言っている。こうしたお膳立てが整えば、あとはそのメディアをつくってみんなに知ってもらう方法を考えるだけです。

ぼくの頭の中に「チャンス」のサイレンが鳴り響きました。山手線に乗っていて共同創業者にＬＩＮＥでこの状況を整理して送ったとき、手が震えたことを今でも覚えています。

やることが明確になったので、集客力のある会社と組むことにしました。組む相手は一つしかありません。通信会社です。

ぼくはiPhoneではなくAndroidのゲームのメディアをやりたい。通信会社は自分たちを支配してくるiPhoneとはあまり付き合いたくないでしょう。アップルがいい商品をつ

[スキル05 自分を信用していないからヒアリングを大切にする]

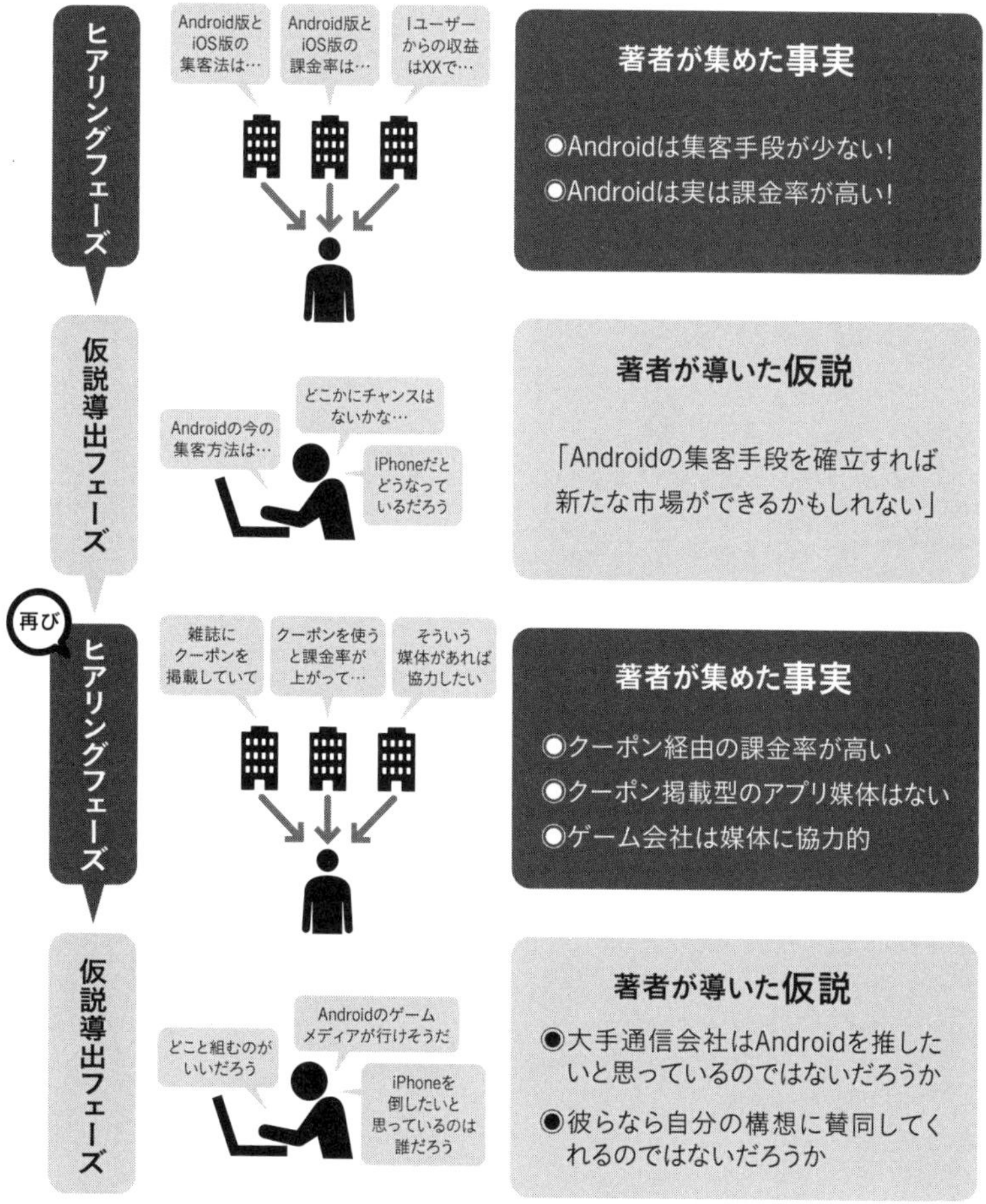

くるので付き合わざるを得ませんが、できればグーグルに頑張ってもらいたいというのが本音だと思います（実際にはわかりませんが）。

グーグルのAndroidの端末は、販売時に通信会社が最初からアプリを入れることができますから、ユーザーが喜ぶアプリがあれば、通信会社はユーザーとの接点を獲得するためにそれを組み込むのはやぶさかではありません。

業界にいたビジネスパーソンとして、そのことがわかっていましたから、組む相手はNTTドコモかKDDIかソフトバンクです。その中で最もお付き合いすべき会社と業務提携をしていくことを戦略目標としました。

スキル06 誰も否定できないことを整理して先駆者感を出す

起業テーマも見えてきたので「ぼくの会社でAndroidのゲームクーポン付きメディアをやりますよ」と大々的に広報したいところですが、そうすると大手に気づかれて先手を打たれてしまいますから、得策ではありません。

それよりも、「この業界の発展のために起業しました」というトーンで情報発信するほうが総合的にいいと考えました。

「今の業界にある、こういう課題を解決することをテーマにした会社です」と発信すれば、共感してくれる会社は応援してくれます（ちょっと高邁《こうまい》にも見えます）。そうするためには、誰もが否定できない正論を語るのがいいと思い、「ＰＩＰＡＳ」というフレームワークを考え、同時に商標登録の出願をしました。

要するに、ユーザーのアプリゲームの行動サイクルを分解したもので、たいしたものではありません。

たとえば、広告代理店や事業会社のマーケターなどがユーザーの購買行動を説明するときに使う「ＡＩＤＭＡ」（Attention：注意、Interest：関心、Desire：欲求、Memory：記憶、Action：行動）は否定の余地がない理論です。

「ＰＩＰＡＳ」も同じで、アプリをリリース前に知ってもらうことから、最後にユーザーが飽きてアンインストールしてしまうまでのプロセスを、五つに分解したわけです。

ゲームのことをリリース前に知ってもらい、次にアプリをインストールしてもらう。インストールしたあとに起動するわけですが、起動したあとに離脱していくユーザーが多いため、いかにそれを防いで継続的にゲームアイコンをタップしてもらうかが重要です。

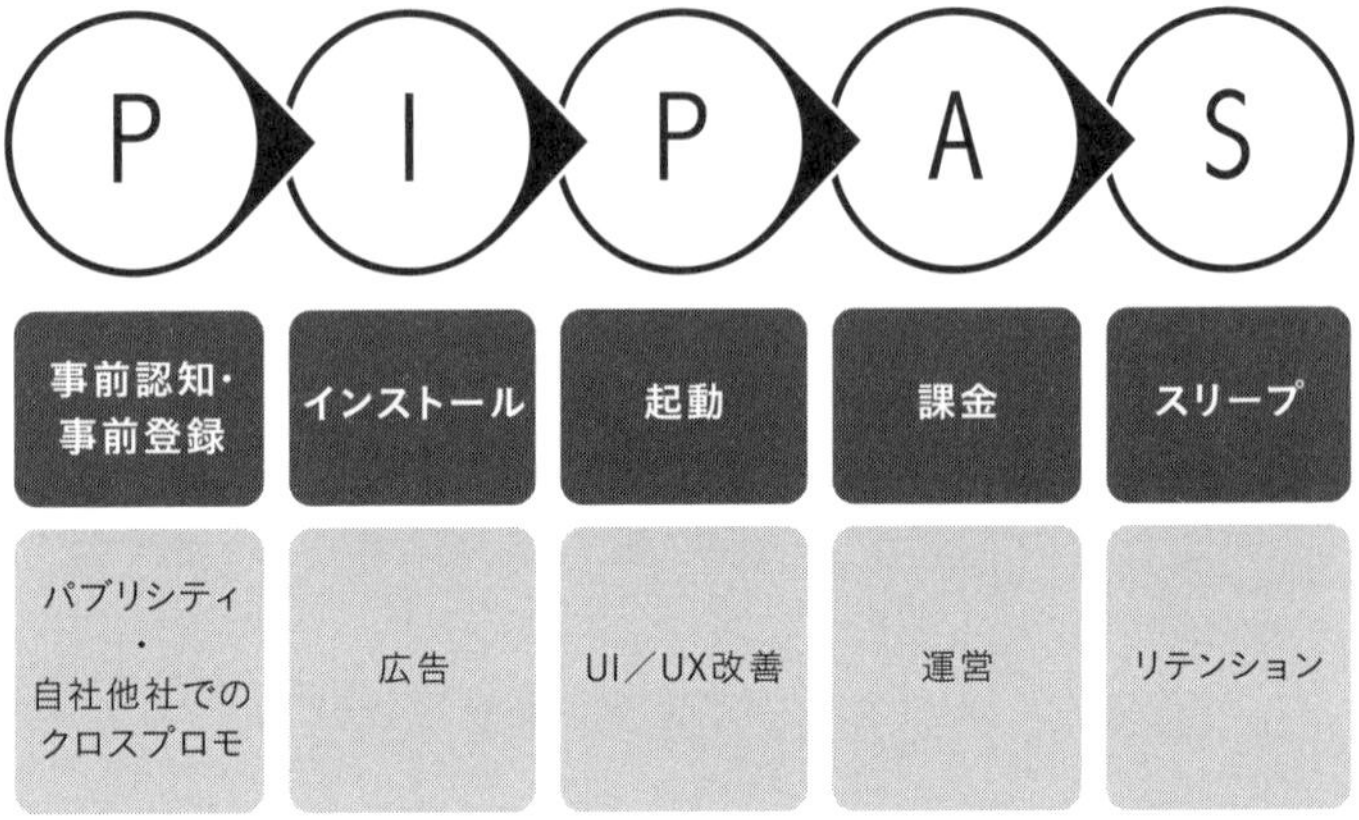

P （Pre） …… 事前認知・事前登録

I （Install）…………… インストール

P （Play）………………………… 起動

A （Action）……………………… 課金

S （Sleep）……………… スリープ

継続されると一定の率で課金されていきますが、このサイクルは1年くらいで次のゲームに移ってしまう。

これが「PIPAS」のフレームワークですが、当時は誰も言っていませんでした。当たり前の話すぎて誰も言わなかったのかもしれませんが、当たり前の話で誰も言っていないことを勝手に定義したわけです。

要するに、「〝PIPAS〟を軸に、業界のマーケティングをよりよくしていく会社です」という、大義名分をつくったのです。

「業界をこう変えたい」といったビジョンはありませんが、この大義名分に則ってビジネスをすれば業界がよくなることは、誰も否定できません。

ぼくたちの会社が「世の中に必要だ、業界に必要だ」と思われれば、応援してもらえるはずです。**お金がない会社なわけですから、とにかくみなさんに応援していただく**存在になる。

「その会社が何をするか」よりも、「市場の何に貢献する会社か」を掲げたほうが、人の心に響きます。それがお金のない会社の戦い方だと思ったのです。

これも、最初の失敗確率を落としていくための方法の一つでした。

スキル07 お金がないから広報に取り上げられる工夫をする

小さな会社ですから、起業しただけではニュースにもなりません。

しかし、「ＰＩＰＡＳという新しい考えを元に精度の高いマーケティングを提案し、業界のさらなる発展をめざします」という発信は、多くの業界人の心に刺さったようです。「業界をよりよくするために頑張りますので、みなさま応援よろしくお願いします。一緒にやりましょう」というメッセージが、いちばんいい。

そのおかげで、創業時にはいろいろな業界メディアが取り上げてくれたのです。

当時、業界で「リワード」という広告手法が問題視され始めてきたことも追い風でした。リワードとは、ユーザーにお金を渡してアプリをインストールしてもらい、AppStoreなどのアプリストア内の人気ランキング順位を上げる方法です。つまり、八百長レースのようなもので、アプリストアで1位を取るためには1日に5万インストールさせることが必要とわかれば、５万人のユーザーに１００円払ってアプリをインストールしてもらう。これには５００万円のコストがかかりますが、アプリストアのランキングページを見たユーザーが「このアプリは1位だからいいものなんだろう」と思ってダウンロードするわけです。それによって売上が2000万円くらいは上がるので、最初に払った販促予算500万円を回収できるわけです。

アップルもグーグルもリワードを事実上禁止していましたが、ゲーム会社は売上が立つのでみんな隠れてやっていました。コンサルをやっていましたから、新規タイトルをリリースする広告予算をもっている会社はすべてリワードをしていることがわかっていました。「その1位はアプリ本来の実力ではない」ということは、リワードをやっているゲーム会社はもちろん、業界の誰もがわかっています。ですから心ある人たちには、「そんなことよりもユーザーに本当に必要なアプリをつくろう」という思いがありました。

ぼくが起業した会社は、「今のそんな業界を変えていきましょう」という、心ある人たちに寄り添うメッセージを打ち出しているのですから、問題意識をもっている人に非常に刺さるのは当然です。

リワードという手法は成長市場だから成立したわけですが、ユーザーが成熟してくると効かなくなってきます（逆に言えば、マーケットでの順位で話題になるのはまだ若い業界だということがわかります）。ゲーム業界も徐々にそのフェーズに差し掛かっていました。

ですから、先を行っているマーケターは次の施策を模索し始めた頃で、そうした流れを

[スキル07 お金がないから広報に取り上げられる工夫をする]

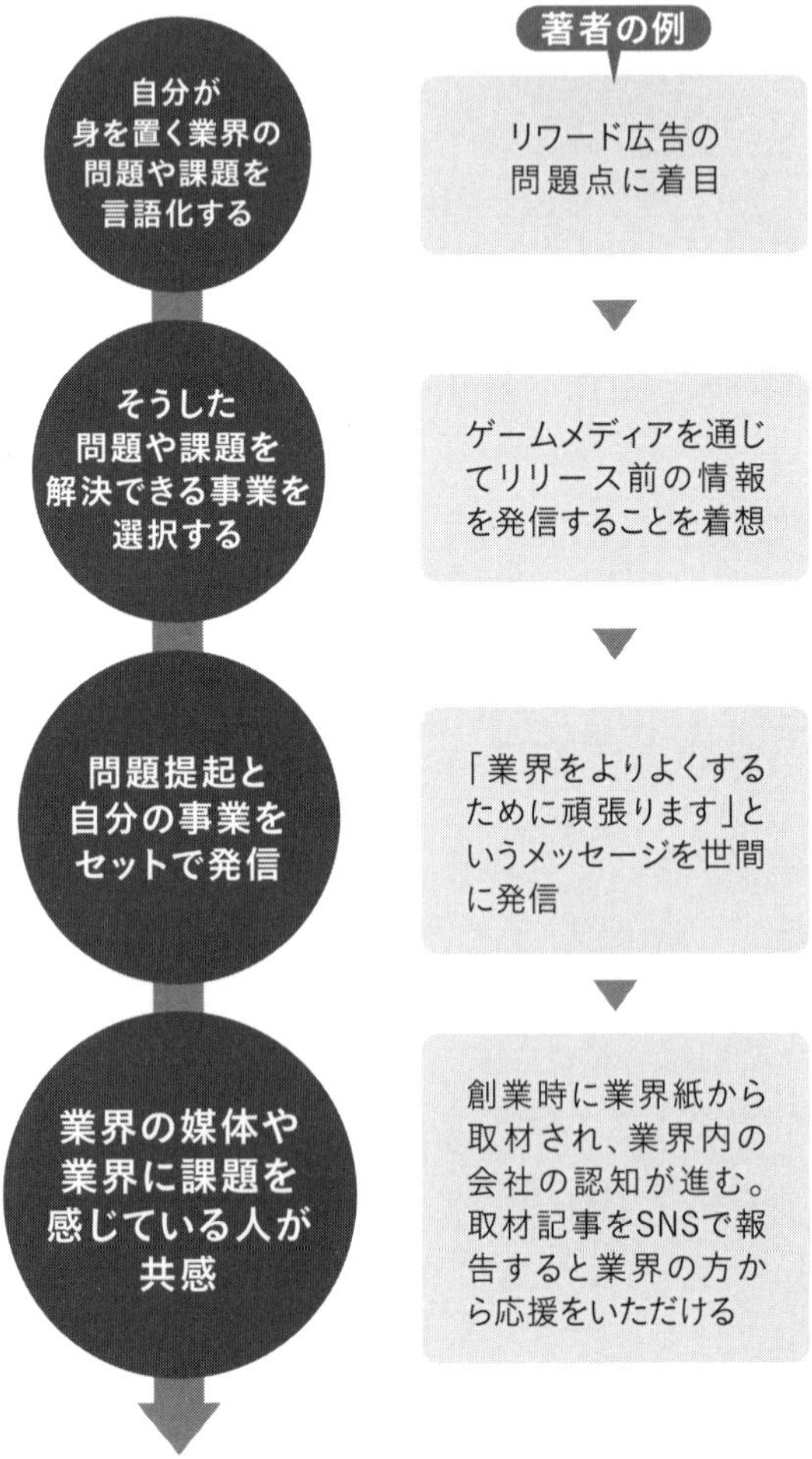

言語化したぼくの会社は、うまくはまったわけです。

「ランキングの上位にランクインするにはリワードという方法があるけれど、だんだん通用しなくなっている」といった内部の状況は、業界の動きを見ていないと知り得ない話ではありますが、このような**業界内の問題や課題は、日頃真面目に仕事をしている人なら見えているはず**です。そして、世の中の多くの門外漢には見えていない景色はたくさんあります。

リアルなデータや状況から市場を整理し、言語化し、「こういう業界にしていきませんか？　自分たちはそこに向かいます」と発信すると、応援してくれる人たちが現れ、宣伝してくれて、業界では知られる存在に進化していくのです。

スキル08　自分にはチャンスが少ないことを認識し、真剣に提案する

資料をわかりやすくきれいにまとめ、かっこよく提案するプレゼン上手な人はけっこう多いです。それはそれで凡人のぼくは憧れる部分もありますが、きれいにやりすぎるといかにもビジネス的で鼻につく場合もあるなと感じます。

大前提は「相手に好きになってもらうこと」「この人が言うことだったら信用できる、と思ってもらうこと」です。**世の中には真剣に提案する人が意外に少ないため、真剣に提案すれば耳を傾けてくれる人は必ずいます。**

そこにぼくのように、「Androidのゲームメディアを真剣にやりましょう。ゲーム会社が渇望しています。協力してくれるからユーザーもついてきます」と不退転の決意で提案する人間が行くと、大手通信会社でも話を聞いてくれるのです。

大手通信会社からすると、どこの馬の骨かわからないかもしれないけれど、Androidに対する知見もあり、市場目線で真剣に考えている人間だと認識されるからです。

ユーザーやゲーム会社は何を欲しがっているのか、といった事実を大量にもっていて、ぼくにしか見えない風景を体系的に整理して提案します。

「iPhoneと比べれば負け犬のAndroidだけでビジネスするのはバカだ」とアドバイスしてくれた方もいましたが、「負け犬」といっても4000万台は流通している端末です。

ぼくの会社に足りなかったのは集客力でした。もし通信会社のAndroid端末にアプリを入れられるとしたら、発行部数30万部の雑誌どころではない、すごい数字になります。ですから、真剣に打ち合わせをしました。

普通の会社はAndroidを格下と見て、いわば「なめている」わけですから、提案に力

[スキル 08 自分にはチャンスが少ないことを認識し、真剣に提案する]

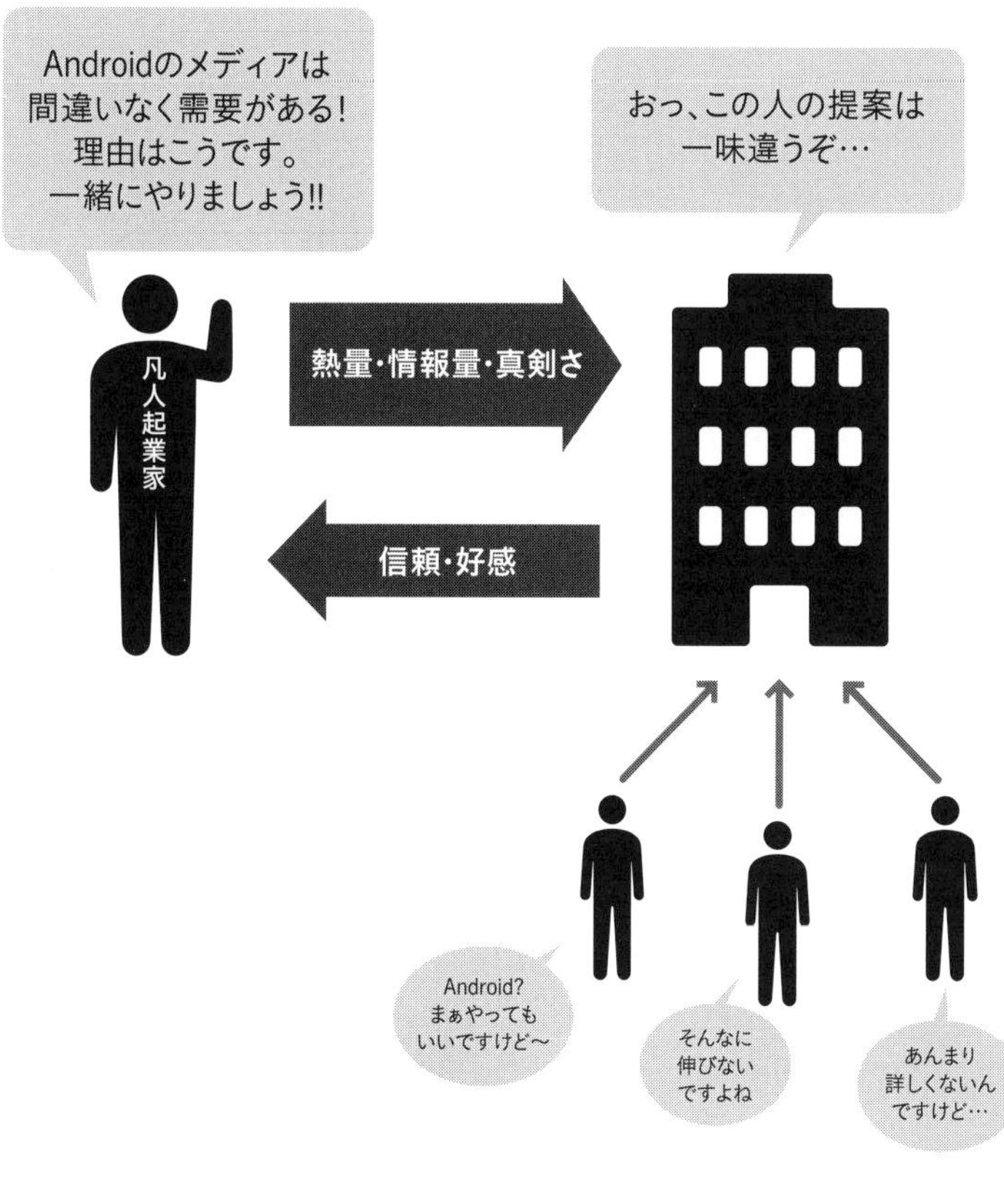

が入りません。一方、ぼくは本気です。ユーザーにウケるロジックも明確です。そうなると、大手通信会社のほうも本気でやる会社と一緒に組まない理由はなくなります。

資本金２００万円で創業６か月の会社でも大手通信会社と業務提携ができた理由は、本質的には真剣に提案をしたからだと思っています。

そして両者の思いは結実し、２０１３年８月に「ゲームギフト」というメディアアプリを共同でリリース。多くのゲーム会社さんから協力いただけたことで、ゲームユーザーのアクセスが殺到し、サーバダウンするほどのニーズを掴みます。それで２０１４年から、大手通信会社が販売する全Android端末に最初からアプリを組み込んでもらえることになりました。

スキル 09

お金の使い道が見えてから資金調達する

今、日本全体としてはお金は余っています。大企業を中心に内部留保がたまっていて、使い道を探している状況ですから、自分たちでＣＶＣ（事業会社が自社の戦略目的のために行う投資）を始めたり、ＶＣファンドに出資したりしています。

つまり、第2章でも述べましたがスタートアップに投資する企業が増えたため、起業する側から見ればスタートアップ時にお金を集めやすくなっているわけです。

しかしこれには暗黒面《ダークサイド》もあって、実力がなくてもお金が集まってしまう、という事態が起きており、使い道がないのにお金を集めてしまう起業家が実は多いのです。

集めたあと何にどう使うか、内容がなければ会社は成長しません。でも調達したお金は使わないといけない。戦略がないまま、事業がないまま人を大量に雇うため、売上は上がらず固定費だけがかかります。

その間に事業を立ち上げられればいいのですが、何をしていいかわからないため、結局立ち上がらないまま社員を切っていきます。

そういうケースが増えつつあり、今後はより顕在化するでしょう。

投資は、銀行の融資と違って返さなくていいので、「集めるだけ集めて失敗しても次またやればいいや」といって起業する猛者《もさ》もいますが、ぼくは凡人ですから、怖い。精神的に耐えられませんし、投資家がだまされたような気持ちになってほしくない。

なにより、お金だけ集めて事業をしない起業家に出資した人は、「もう二度と起業家には出資しない」と思うかもしれません。そうなるとこれからの起業家に迷惑がかかります。

「だまして資金を調達したくないし、失敗したら次がない」という凡人と、「契約関係だからだましたことにはならない」という猛者――。これはその人自身の性格にもよるのでしょう。

話が脱線しましたが、いずれにせよ、出資する人や会社は増えていますから、凡人にも猛者にも追い風といえます。

メルカリの上場時の時価総額は約7000億円ですから、日本で初めて生まれたユニコーン（時価総額1000億円以上のスタートアップ）だといわれています。

メルカリに出資したVCは多く、7000億円の規模ということは、仮に1パーセント出資しているVCには70億円入ってくるわけです。2パーセントなら140億円です。

そうすると、スタートアップ業界全体にお金が循環していきます。VCにキャピタルゲインが発生し、次の「ポストメルカリ」を狙ってVCの出資がより活発になるからです。

投資会社がつくったファンドは10年くらいで回収しますが、最初の5年間が投資期間で、後半の5年間は回収期間です。

つまり今から5年間、2023年まではVCに莫大な資金がある状態ですから、出資が盛んになっていきます。つまり**2023年までは、起業家にとってお金の調達は難しくな**

資金を調達しやすい今は、日本のスタートアップが試されている時期

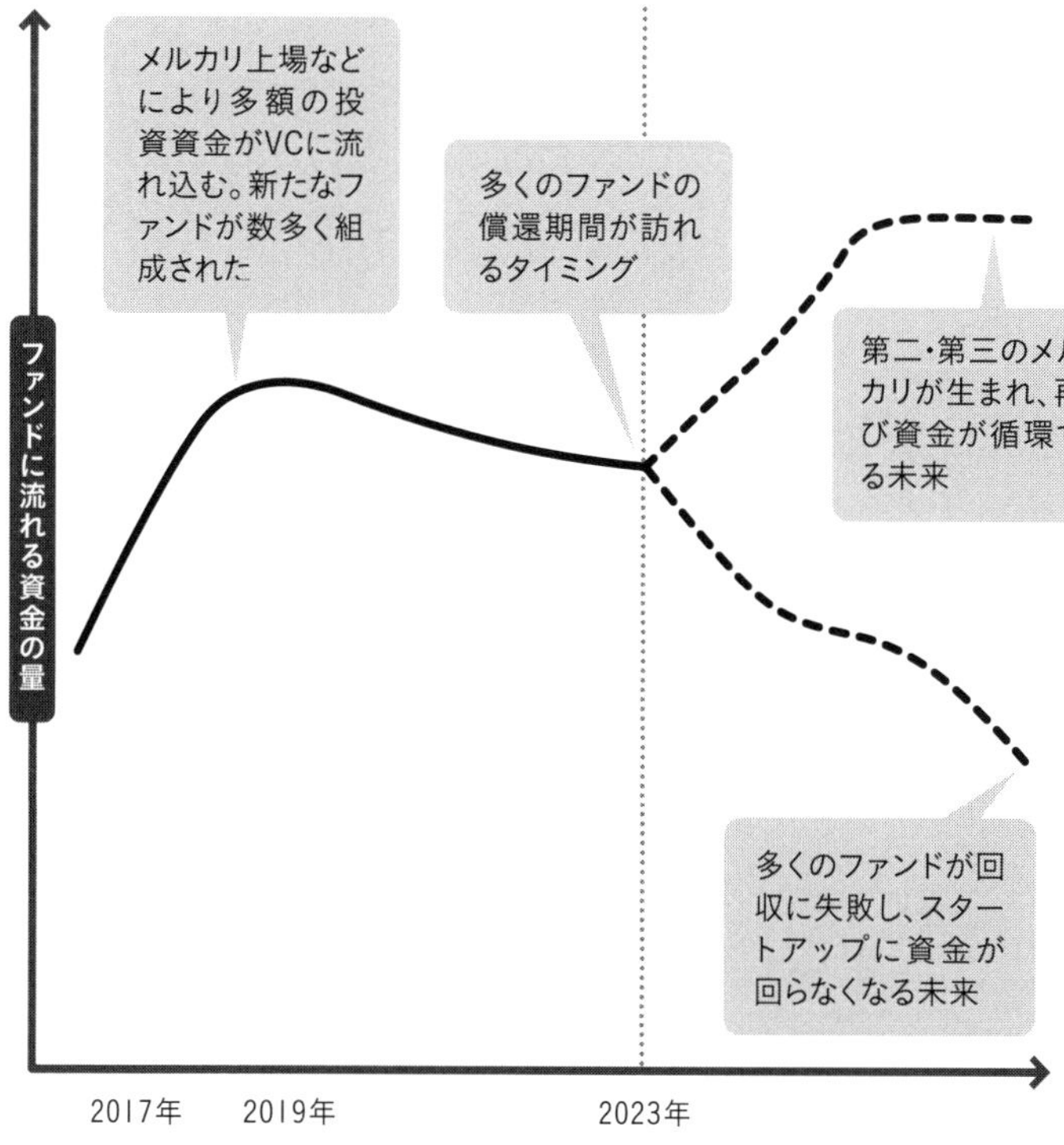

いということです。これは逆にいえば、その間にうまくいかない会社が死屍累々《ししるいるい》と積み重なっていくということでもあるでしょう。

５年過ぎた２０２３年になってさらにお金が回っているのか、それとも調達するだけ調達して潰れる会社ばかりになるのか……。後者のように出資したお金が溶けていくだけとなると、誰も出資しなくなって投資先がスタートアップではなくほかに向いてしまいます。ですから、**資金を調達しやすい今は、日本のスタートアップが試されている時期**だともいえるのです。

起業したいという人は、具体的な事業内容もないまま資金を調達しても、「死屍累々」の１社になる可能性が高いでしょう。

ですから、事業を始める前、つまりスタートアップ時に大きな融資を目論むよりも、事業がうまく軌道に乗ってから資金を調達する、という順番で考えたほうが堅実ではないかと思います。

スキル 10 社員に名前を売ってもらう。売れば売るほど営業が不要になる

ぼくが業界誌に寄稿をしていたことはお話ししました。無料で寄稿させていただいたわけですが、その代わり、原稿の最後に自分のフェイスブックアカウントを記載させてもらいました。そうすると、記事を読んで興味をもった人はぼくのアカウントに来るわけです。それでいろいろな人とつながることができました。5回くらい寄稿すれば、つながる人とはだいたいつながりますから、それ以降の寄稿は、ぼくの会社の社員にバトンタッチします。

ぼくの起業した会社にわざわざ来てもらっている社員には、「この会社を踏み台にしてほしい」と言っていました。自分の会社で力をつけて次のステージに飛び立っていけるようにしたいと考え、「社員みんなの市場価値を上げる」という方針だったからです。市場価値を上げるというのはお金のことだけではなく、社員自身を業界に知ってもらうことも含まれます。

ですから社員に、いろいろなゲーム会社の人が見ている媒体に自分の名前で寄稿してもらうのです。それにより、社員にとってはぼくの会社で働くことが明確なインセンティブになります。しかも、いい内容を配信すればするほど、社員のアカウントにファンがアクセスしてくるわけです。

記事を読むゲーム業界の人たちは、マーケティング担当やプロデューサーであり、わが社の営業マンが会いたい人たちでもあります。そういう人たちが逆に、記事を書いた社員に会いたいと思うわけです。そうすると結果として会社の商品も売れることになりますから、きれいなスパイラルが回っていきます。

ぼくの会社に来る社員は、最初はプロではない人が多く、つまりは凡人たちです。大企業には就職できなかったぼくと同じような人たちですが、ハングリーではあります。身を粉にする覚悟はあるけれども、まだプロではない。

しかし、ぼくが最初に業界誌の編集者とコネをつくり、情報を記事の形にするフォーマットをつくっているので、凡人でも情報発信を行うことができるわけです。さらに、媒体上で情報発信することで社員のフェイスブックアカウントにもプロが集まってくるので、結果として凡人でもプロになれる仕組みです。

これも、凡人が凡人を集めて戦うために考えた仕組みだといえるでしょう。

[スキル 10 社員に名前を売ってもらう。売れば売るほど営業が不要になる]

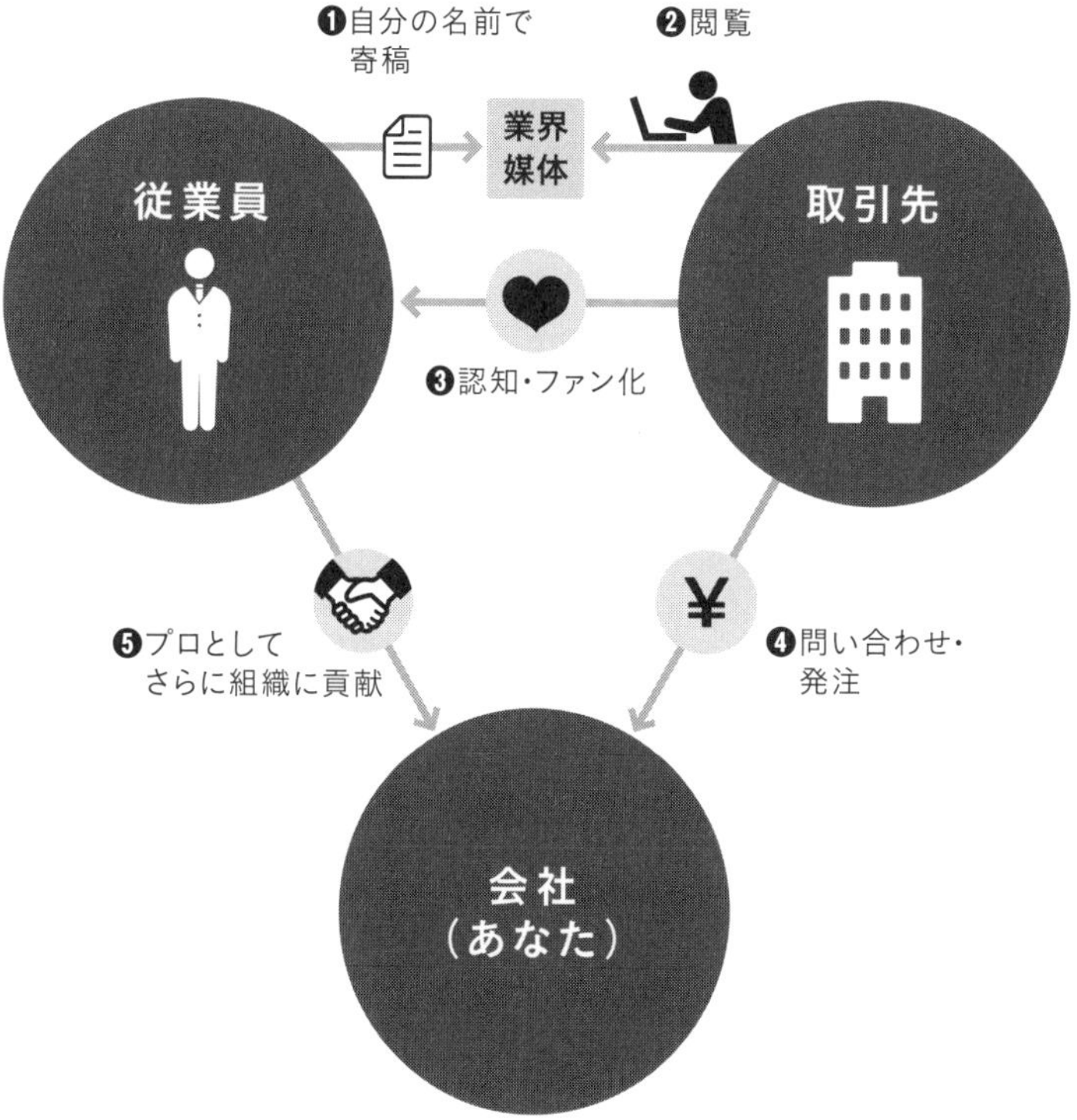

スキル 11

ニッチでもナンバー1と言える領域を徹底的につくる。そこが伸びるとトップシェアの自分たちが最も伸びる

先に触れた「PIPAS」の「P」はプレ、「ゲームをリリース前に知ってもらう」ですが、ゲーム会社からすれば、この「事前」のところで最もユーザーがほしいわけです。自分たちのゲームをリリースする前から予約してくれる人は、そのタイトルの超ファンになりやすいからです。ですから、ぼくたちがやるべきことは、その最も求められる事前予約に貢献することです。

そこで、自社メディアの「ゲームギフト」にリリース前タイトルの「事前予約」募集をずらりと並べたところ、1タイトルあたり3万人くらいの規模でユーザーに予約してもらえました。

それ以外にも、スマホゲーム市場全体の視点から「事前予約」に関する記事を業界媒体に書きました。つまり戦略的に、事前予約の市場動向、どの会社のどのタイトルがどの媒体で事前予約をしているかといった情報を常に配信するようにしたのです。競合媒体で掲

載していても、分け隔てなく書きました。

「事前予約」という単語が業界媒体の上で躍っていると、それを読んだマーケティング担当者は、事前予約に関する記事を書いている弊社の社員に連絡を入れます。

物を売らなくても、媒体で社員が一生懸命、情報発信をすればするほど、自動的にお客さんが来るようになります。「事前予約の段階で10万人のユーザーを集める方法が知りたい」というゲーム会社は、まずぼくたちの会社を指名するわけです。

総力戦で事前予約にフォーカスし、「事前予約領域でトップシェアになる」ということを徹底的にめざしました。社員が事前予約に関する情報の配信を始めてから1年くらい経った頃、業界トップシェアを実現させていました。

凡人起業ドリブンを通じて会社はどのように成長したのか

起業から大手通信会社グループへのバイアウトまでの、3年間の売上推移を見てみましょう（133ページのグラフ参照）。

最初は広告代理販売やコンサル収益で手堅く売上をつくりながら、徐々に自社メディア事業に売上がシフトしていることがおわかりいただけるかと思います。

初動は労働集約型のビジネスで売上を上げながら、自社メディアの仕込みを行い、徐々にそちらが軌道に乗るという、二段ロケットのように成長をさせていきました。


まずグラフ❶を見てみましょう。

1期目から売上が上がっていることがわかりますが、「コンサル・広告代理販売事業」の売上のみになっています。これは労働集約型で競争力があまりない事業です。

2期目は売上が伸びていますが、「コンサル・広告代理販売事業」がやや伸びているのと、新たに「自社メディア事業」の売上がアドオンされています。自社メディア事業は、労働集約型ではなく、ネットワーク効果がはたらくネット型の事業モデルです。

3期目は大きく飛躍した期です。その要因は、自社メディア事業の伸びであることがわかります。


次にグラフ❷を見てみましょう。

こちらは1期と2期だけを抽出し、月次で見たものです（決算月が6月のため1期目は5か月間と短くなります）。

[グラフ❶ 創業から売却までの3期売上構成]

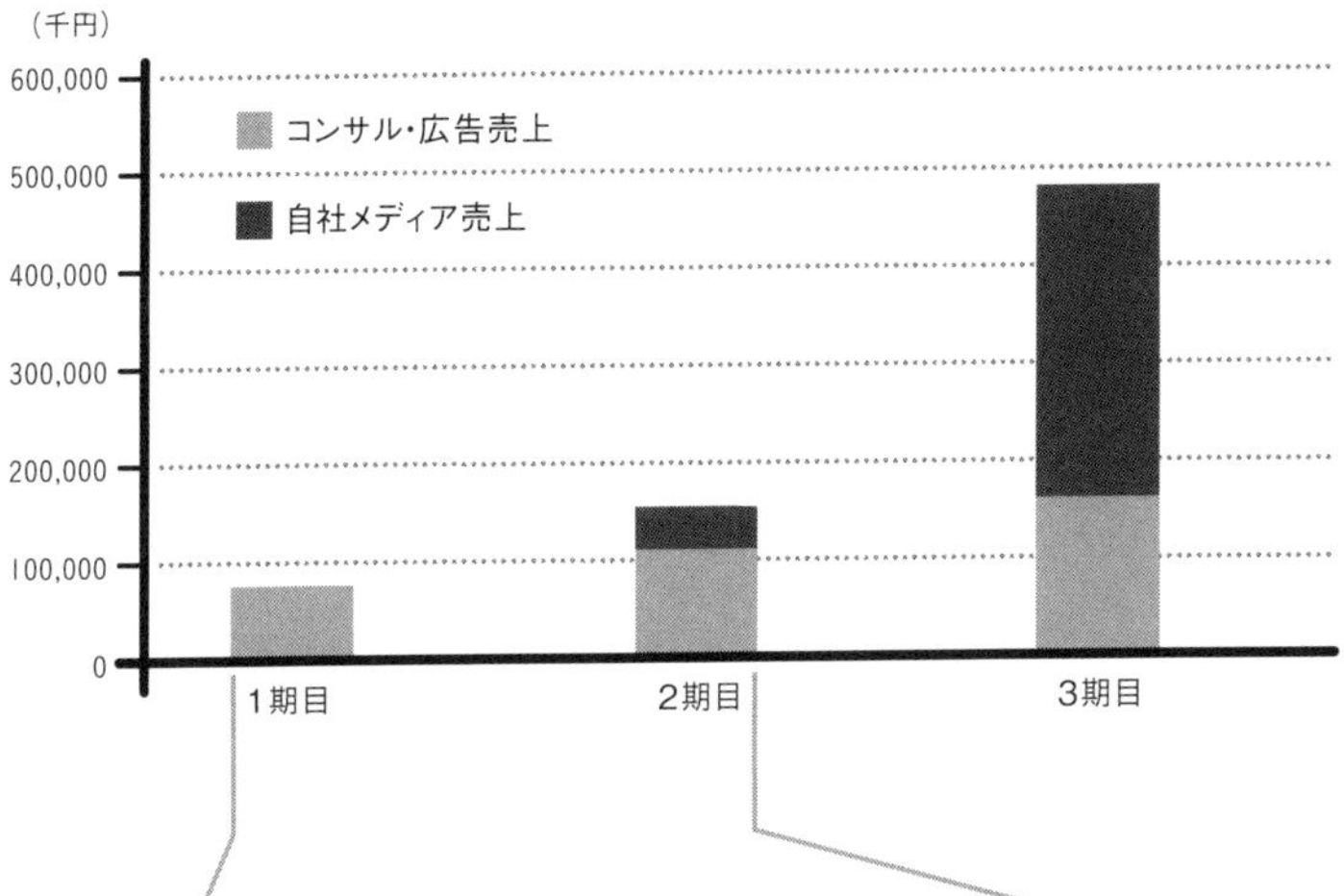

[グラフ❷ 1期目と2期目の月次売上構成]

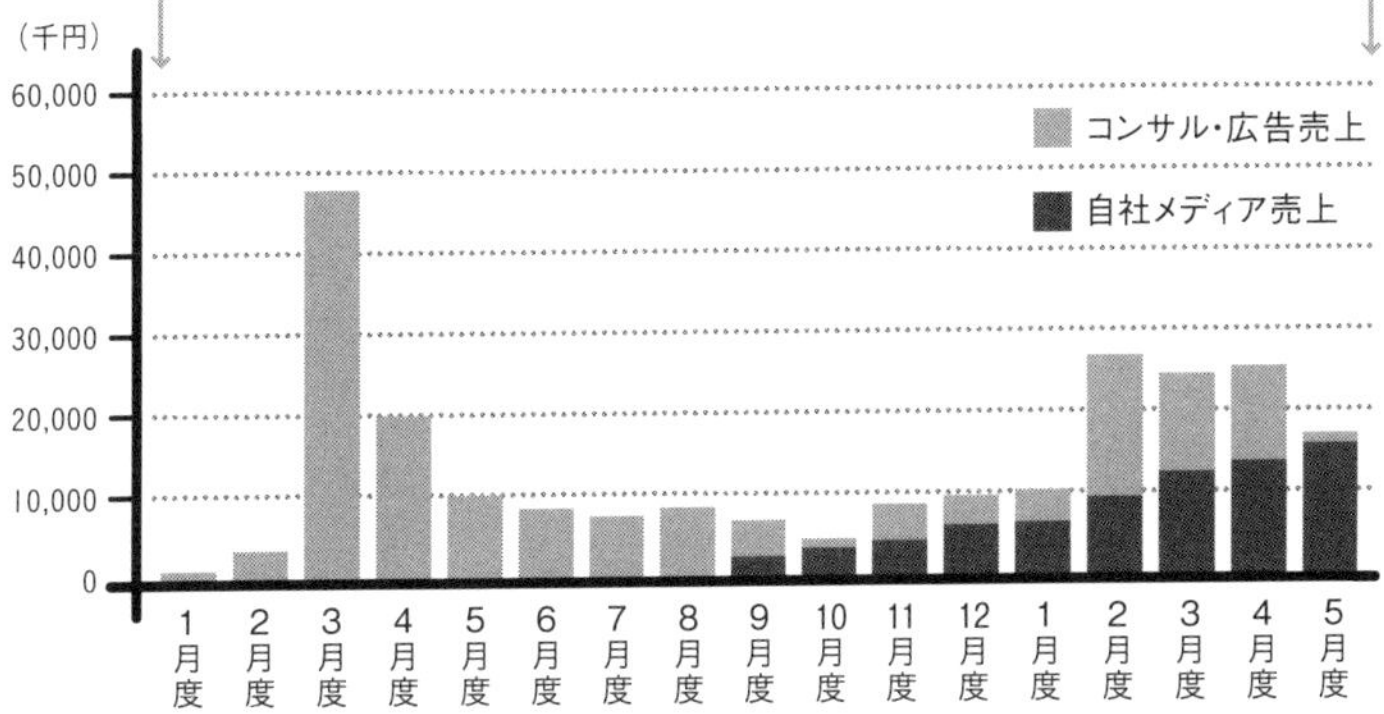

会社を創業したのは、グラフのいちばん左の2013年1月です。資本金200万円でスタートしました。

スキル06「誰も否定できないことを整理して先駆者感を出す」

スキル07「お金がないから広報に取り上げられる工夫をする」

を活用し、PIPASという独自のフレームワークを業界に提示し、創業を業界媒体に取り上げてもらい、よいスタートを切りました。

創業初月からうっすらと売上がありますが、これはコンサルティングの売上です。ここは起業する半年前から手がけていた、

スキル01「競争を避ける」

スキル02「毎日継続できる、レベルの低いことをする」

スキル03「毎日継続せざるを得ない養成ギプスをはめる」

スキル04「無料セミナーをし、資料をつくらざるを得ないように追い込む」

が実り、取引させていただいていた約10社のゲーム会社様向けのコンサル売上によって70万円の売上を確保していました。

また、そのコンサルを通じて、

スキル05「自分を信用していないからヒアリングを大切にする」をもとに見えた、〝ゲーム会社はAndroidユーザがほしいが集客手段がない〟という課題を解決する、ゲームクーポン付きゲームメディアの事業提携の提案を大手通信会社にすぐに行っています。

創業2か月目については300万円ほどの売上が出ていますが、これは前職の社長との協業による広告代理販売の売上が発生し始めたことと、毎月固定のコンサル売上が上がったためです。

また、大手通信会社との提携協議を、**スキル08**「自分にはチャンスが少ないことを認識し、真剣に提案する」を活用し、行っています。

創業から3か月経った2013年3月は、非常に大きい売上が計上されています。5000万円ですが、これは3月はゲーム会社の決算月の兼ね合いで広告予算が大きくいただけることに起因しています。実力以上に広告売上が上がった月です。

創業から4～6か月の間は、広告・コンサルティング売上が右肩下がりで減少しています。ここは大手通信会社との協議と、それにより業務提携が確定したため、自社メディアの立ち上げに多くの時間を割いていたためです。

創業から8か月経った2013年8月29日に、大手通信会社との業務提携の発表とともに、自社メディア『ゲームギフト』をリリースしました。

リリース当日にサーバが落ちるほどの大量なアクセスが集中し、事業がうまくいく確信を得たため、翌月からは事業を「コンサル・広告代理販売」から「自社メディア」に完全に移行させることを決意しました。

創業から10か月目に、「自社メディア」のユーザーの利用実績と広告収益実績・今後見込みを見たときに勝負をすべき数字が出たため、VCから資金調達をすることを決意します。

スキル09「お金の使い道が見えてから資金調達」の実践です。創業から12か月目にして7200万円の資金調達を行いました。

13か月目以降は、社長としての自分の仕事は主に人材の確保となり、確保した人材が1人で営業できる状態になったあとに、

スキル⑩「社員に名前を売ってもらう。売れば売るほど営業が不要になる」を、そして業界に〝事前予約〟というマーケティング広告手法を積極的に啓蒙していきながら、3期目に、

スキル⑪「ニッチでもナンバー1と言える領域を徹底的につくる。そこが伸びるとトップシェアの自分たちが最も伸びる」

を実現させていきました。

以上を整理すると、初月から自分の人件費はまかなえる売上を形成しつつ、一段目のロケットとして「コンサル・広告代理販売事業」を手堅く手がけ、並行して大手通信会社との業務提携交渉・締結後のサービス開発を行い、そのサービスを「自社メディア」として提供し、ユーザー支持を確認したあとにすべてのリソースを「自社メディア」に投入していきました。

そして、その実績をもとに資金調達をし、人材を拡充し、業界が必要とする広告商品を開発し、業界を啓蒙しながら「自社メディア」という二段目のロケットに切り替えていき

［ 二段階ロケット構造が「黒字Jカーブ」を実現させた ］

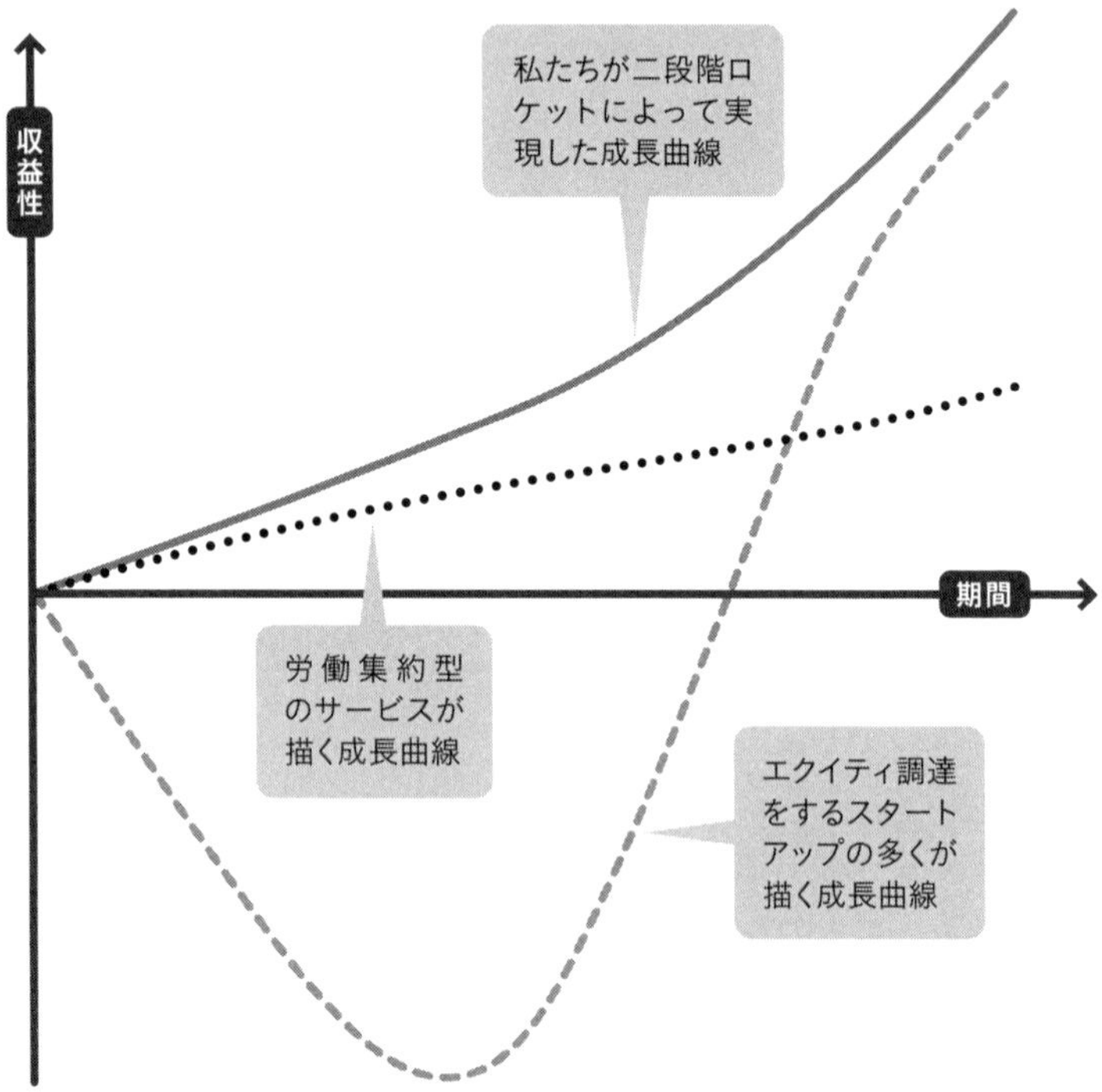

ました。

その結果、三期目で5億円ほどに売上が上がり、業界トップシェアの広告商品・法人取引基盤を獲得でき、大手通信会社への売却につながっていきます。

起業中の失敗

初めての起業でしたから、当然ながら失敗も多かったのですが、中でも大きいのが三つあります。

まず一つ目は、〝代表取締役社長〟という肩書きから、過剰に「社長らしくならなければ」と思ってしまったことです。当時の自分にとって「社長」という言葉のイメージはスーパーマンでした。しかし自分はそもそも凡人で正反対ですから、大きな乖離があります。人事制度の設計や組織づくり、財務・経理において、ぼくはてんで使い物になりません。形だけでもやらなきゃ、と社員の交流イベントを企画したり、表彰アワードを実施したりしていたのですが、実際のところ、巻き込み力が足りず空回りしていました。

最も「生きていて申し訳ない」と思った事件として、社員数がちょうど20人を超えて組織化するタイミングで入っていただいた取締役候補の方を、ぼくは三顧の礼で迎えておきながら活かしきれず、結局その方が退職することになった、というエピソードがあります。彼が最終出社日に全社員の前で行った退職のあいさつは、生涯忘れることはありません。「ぼくは小原さんにだまされて入社したと思っている。恨んでいます」

ぼくはこのあいさつを聞いたあとにスピーチをさせていただきましたが、みんなの前で涙を流しながらお詫びしました。

この経験から、自分は事業にしか適性がなく、人事については才能がないのだということを悟りました。正直なところ、それ以来、会社売却までの間、ずっと苦しみ続けました。実際には優秀なＣＦＯがいましたし、彼にほとんど任せていたのですが、気持ちとして「本来は社長として自分がやらなければならないのに」という自責の念があったのです。

しかし今になって思うのは、社長には多種多様なキャラクターの人がいて、その社長の強みを活かした経営をするのが最良だということです。「自分にはこれしかできない」というものを決めきって、それ以外はできないと開き直っていいんです。

失敗の二つ目は、ビジネスモデルをつくれてからどんどん数字が伸びていきましたので、創業２年目くらいにメイン事業の「ゲームギフト」をほかの社員に任せ、社長の自分は

「いかにもすごそうに見える」取り組みに時間を割いたことです。

たとえば、韓国の最大手ゲームメディアと業務提携をしたり、コンビニエンスストアに自分たちのブランドの商品を並べたり、別のメディアを立ち上げたりです。

今振り返ると、すべて本気ではありませんでした。「やればいい」という程度のプロジェクトで、「今やらないと将来困る」というものではありませんでした。結果的に、そうしたプロジェクトはすべて、収益化する前に撤退しており、少なからず社員や株主からの不信につながったのではないかと思います。

余裕があるときにどう行動するのか？――これこそが起業家としての真の試練だと思います。

三つ目は、第3のロケットがつくれなかったことです。第1ロケットとして、コンサル・広告代理販売から入って安定収益を稼ぎ、第2ロケットはその知見から自社メディア「ゲームギフト」で早期にグロースさせる。ここまでは無駄なく最短距離で走り抜けましたが、そこでひと安心して第3ロケットの検討をおざなりにしていました。これは本当に悔やまれます。

この検討が甘かったため、市場環境の変化もあって会社を売却していくことにつながります。売却は起業家として一つのイグジットではありますが、ぼくの場合、ベストを尽くした上での売却ではありませんでした。結果として売却できた、というのが実情です。

ほかにもこまかい失敗はたくさんありますが、なかでも大きいのは以上の三つです。初めての起業ゆえに社長経験がなく、「社員のためにも〝社長〟らしく振る舞わなければ」という、誰も求めていない意味のない強迫観念が、余裕が出ることによってムクムクと頭をもたげてきたことに振り回されてしまいました。

みなさんが起業されるときには、社長というのは登記する際の単なる「必要事項」だと考え、実際には「自分は事業プロデューサーなんだ」という気構えで取り組まれることをおすすめします。市場・事業・お客様に徹底的に向き合うことだけを意識しましょう。

どんな業界でも応用可能な「凡人起業ドリブン」

この章では、ぼくの起業前後の経験をもとに、凡人ならではの戦い方についてお話ししてきました。まとめると、

❶事業の設計、日々の運営、営業資料、フェイスブックでの情報発信などすべての活動の起点、社内外のメッセージの起点を「市場」「相手」「客観性」にすることで〝信者〟をつくる

❷戦うべき市場を決めたら、その市場のプロとなると決め、メッセージを発信する
- 「ドローンだったら○○さん、VRなら××さん」のようになる
- メッセージを発信するところに情報が集まる
- 大企業は情報発信が苦手。スタートアップの強みを活かす

❸シェアを意識し、トップシェアを獲得するリアクションを取る
- 大企業が集客してくれるなら提携もアリ
- 社内では、売上利益よりも市場シェアを本質的なKPI（重要業績評価指標）とする

これが凡人がやるべきことなのです。

「凡人起業ドリブンは小原の環境だから活きたのでは？」と思う方もいらっしゃるかもし

メッセージの起点を
「市場」「相手」「客観性」にすることで“信者”をつくる

メッセージの起点が「自分」		メッセージの起点が「市場」「相手」になると…
✕ 私がやりたいことはコレなんです！	▶	○ 市場が伸びているから、まだプレイヤーが少ないからコレをやろうと思います。
✕ 私たちの商品を、御社にぜひ導入していただきたい！	▶	○ あなたの会社・事業について徹底的に勉強してきたのでお話しさせていただけませんか？
✕ 私はこの課題を解決するんです！	▶	○ あなたはこんな課題を抱えていませんか？ それを一緒に解決したいんです。
✕ 私はあなたを採用したいんです。	▶	○ あなたはどんな将来像を描いていますか？ 私たちの会社で働くことがその将来像につながりますか？

れません。でも、この「凡人起業ドリブン」は、どんな方でも応用可能なのです。

次の章では、それぞれ違った業界に身を置いていた方たちが起業に至った事例を紹介します。みなさん、それぞれの強みを活かして起業された方々ですが、ここまでぼくが説明してきた「凡人起業ドリブン」が、意識的にせよそうでないにせよ踏まえられていることがおわかりになると思います。

起業に興味があって本書を読んでいる方も、今は会社にお勤めの方が多いでしょう。そして、会社でコツコツやってきたことは誰にでもあり、そうして積み重ねてきた知見をもとにご自身の業界を見てみると、不便さや問題点、課題に思い当たるはずです。

改善点があるということは、それに対するニーズがあるということです。

そして、それこそが起業のヒントになるのです。

第3章まとめ

凡人起業ドリブン・12のスキル

活動の起点／メッセージの起点を「市場」「相手」「客観」にする

- スキル05
自分を信用していないからヒアリングを大切にする
- スキル08
自分にはチャンスが少ないことを認識し、真剣に提案する

その市場のプロになると腹をくくりメッセージを発信し続ける

- スキル02
毎日継続できる、レベルの低いことをする
- スキル03
毎日継続せざるを得ない養成ギプスをはめる
- スキル04
無料セミナーをし、資料をつくらざるを得ないよう追い込む
- スキル07
お金がないから広報に取り上げられる工夫をする
- スキル10
社員に名前を売ってもらう。売れば売るほど営業が不要になる

トップシェアを獲得することにこだわる

- スキル01
競争を避ける
- スキル06
誰も否定できないことを整理して先駆者感を出す
- スキル09
お金の使い道が見えてから資金調達する
- スキル11
ニッチでもNo.1と言える領域を徹底的につくる

- スキル00
今いる会社の社長に起業の相談をする

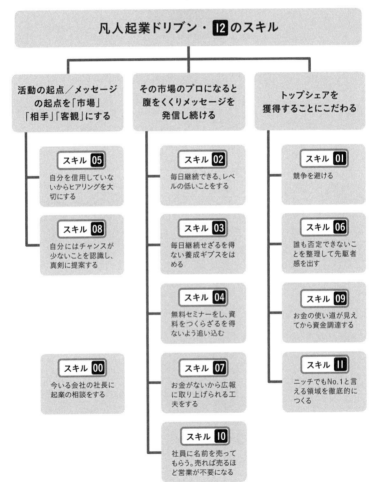

第4章

凡人起業の仲間たち

四人四様の〝凡人だからこその戦い方〟

ここまで書いてきたように、ぼくは凡人ですから、努力し続けるしかありませんでした。繰り返しますが、その努力とは、もともとやっていた仕事をコツコツやるということです。コツコツやっていると、自分の中にいい意味で澱《おり》が溜まってきて、ほかの人から見えないことが見えてきます。

自分にしか見えないような景色が見えてきたとき、過去にご自身がコツコツやってきたことを適用すればいいのです。

「はじめに」でも書きましたが、凡人というのは「何もできない人」という意味ではなく、「自分を凡人だと理解しているからこその戦い方ができる人」ということです。

今の仕事をコツコツやっていれば、未来につながります。市場環境の変化はどんどん早くなっていますから、今やっている仕事の応用が効く市場は必ず出てくるはずです。

この章では、ぼくと同じように起業して活躍している経営者たちを紹介します。それぞれの起業ストーリーがあるため、みなさんの参考になると思います。

Case 1

事業を決めるより先に会社を登記した

渡雄太さん（株式会社wib代表取締役）

「今の仲間を裏切らないこと、発信すること、そしてよいパートナーと出会うこと」

商社からベンチャー、そして起業へ

双日という総合商社が、ぼくの最初の勤め先でした。ステンレスの原料であるクロムの取引のため、カザフスタン、南アフリカ、インドなどへの海外出張の多い仕事です。リーマンショックで就活に苦労した世代なので、まわりからは「いい会社に入ったね」「一生安泰だね」と言われたことを覚えています。

しかし入社からほどなくして、資源バブルが崩壊しました。ぼくが入社した2010年頃は部だけで経常利益が100億円くらい出ていたのが、会社を辞める2014年には逆に100億円の特別損失というものすごいジェットコースター感でした。

もちろんそれで会社が潰れるということはないのですが、資源価格という外部要因で自

分の評価やキャリアが決まるような世界。自分はこの先何十年もここで頑張れるだろうか――そんな疑問を抱いたのは自然な流れでした。

その頃、総合商社の出身者がベンチャーに行くという流れができ始めていました。自分の近しい商社仲間にも、タベリーを運営している10Xの矢本真丈《やもとまさたけ》くん（元・丸紅）やRetty社長室長の奥田健太さん（元・三菱商事）がいます。

2人ともぼくと同じ大学の出身で、大学時代からの知り合い。ぼくよりも先に商社を辞めて、スタートアップの世界に飛び込んでいました。彼らの刺激を受けてベンチャーへの転職活動をしたところ、当時第1号社員を募集していたユニラボというスタートアップの社長が「一緒にやろう」と誘ってくださいました。

創業期のユニラボで、事業開発や人事、経営管理の仕事をやり、会社と一緒に成長していった、という感じです。

商社を辞めてユニラボに入るとき、妻からすごく反対されました。それは当然で、子供もいましたし、マンションのローンもありました。「ごはん食べていけるの？」と質問されても、売上ほぼゼロのベンチャーですから、「たぶん大丈夫。でもわからない」としか言えません。

そこでユニラボの社長に協力してもらい、東京の目黒にある当時のオフィス（アパートでした）に妻を連れて行き、社長に直接会ってもらいました。「なぜ渡さんがうちの会社に必要なのか」「渡さんが入ると事業がどう伸びるのか」を、妻にもわかるように社長にプレゼンしてもらったのです。

そうして入ったユニラボでは、入社1年半で単月黒字化、3年で通期黒字化を達成しました。当時のプレゼン通り事業が伸びてくれたわけですが、入社のタイミングで熱心に口説いてくれた社長、それを信じてついてきてくれた妻の存在がなければ、自分がこうした経験を積めることはなかったと思います。

30歳になる少し前に、取締役になりました。事業は順調に伸び、仲間もどんどん増えていたときです。自分自身も手応えを感じ、充実した生活を送っていました。ですがそんなときにふと、「自分はこれから何をして生きていきたいのだろう」という疑問が浮かんできたのです。

会社や事業について自分がやれること・やりたいことはまだまだありました。ただ、自分の「生き方」みたいなものを見つめるような余裕が、それまでの自分にはなかったと気づいたのです。

役員をはじめとする会社のメンバーともいろいろ話しましたが、思うような答えが得られません。悩みに悩んだ末に、一度会社を抜けて1人になる時間をつくることを決め、2

018年の6月末に会社を辞めました。

円満退社が次に結びつく

ユニラボを辞めるとき、社長からは「辞めてもすぐ仕事があるわけじゃないでしょ？渡さんさえよければ、週1～2日ぐらい手伝ってよ」と言っていただきました。

会社を辞めることを決めたものの、自分の力が果たして外で通用するのかはわからないですし、子供も2人いて家族を養わなくてはいけません。不安がなかったといえば嘘になります。ですから社長の言葉はすごくありがたかったですし、救われました。

このことで痛感したのが、何事も人間関係だということです。「退職する」と決めると、急にモラルが下がる人がいます。先のことばかり見てしまって、急に足元のことがどうでもよくなるタイプです。ぼくにもそういう気持ちはないとはいえませんが、双日のときもユニラボのときも「会社に迷惑をかけてはいけない」としっかり言い聞かせていました。

退職ギリギリまで頑張って、会社に迷惑をかけないようにする――会社を辞めて起業しようかと考えている人も、独立しようと思っているのであればなおさら今の仕事を頑張って、まわりの人といい関係をつくったほうがいいと思います。

ちなみに、「1人になっても家族を養っていけるだろうか」という私の不安は杞憂に終わりました。「会社を辞めました」とSNSに投稿したところ、ありがたいことに「うちを手伝ってよ」「ちょっと手伝って」といろいろな方からお誘いをいただけたのです。

今はメンターと事業を模索しながら、並行して4社のコンサルティングをしています。

SNSをフル活用して発信する

ユニラボに勤めていた当時から趣味で続けていた「ビジネスモデル図解」も、自分の次の一歩を後押ししてくれました。これはツイッターで1年に渡って不定期配信してきたものです。

インターネットのサービスをパワポ1枚の図で表し、どんなサービスか、誰にどういうベネフィットを提供しているのか、なぜお金が生まれるのかなどを解説したものです。

図解を書き始めたきっかけは、とあるVCのパートナーの方のインタビュー記事です。

その方の言葉を借りれば、自分のすごく身近なこと、好きなことを調べてまとめ、発信してみるだけでも、もしかしたら大きな一歩になるのかもしれない、ということでした。

当時のぼくはインターネットのサービスを見るのが好きで、普段からそういう記事ばかり読んでいました。「それなら、面白いサービスを図解して発信してみようかな」という、軽い気持ちで始めることにしたのです（下図）。

結果的に、この取り組みは大成功でした。図解したものが100万以上のインプレッションを稼いで驚くほど多くの方に見ていただいたり、

［ビジネスモデル図解］

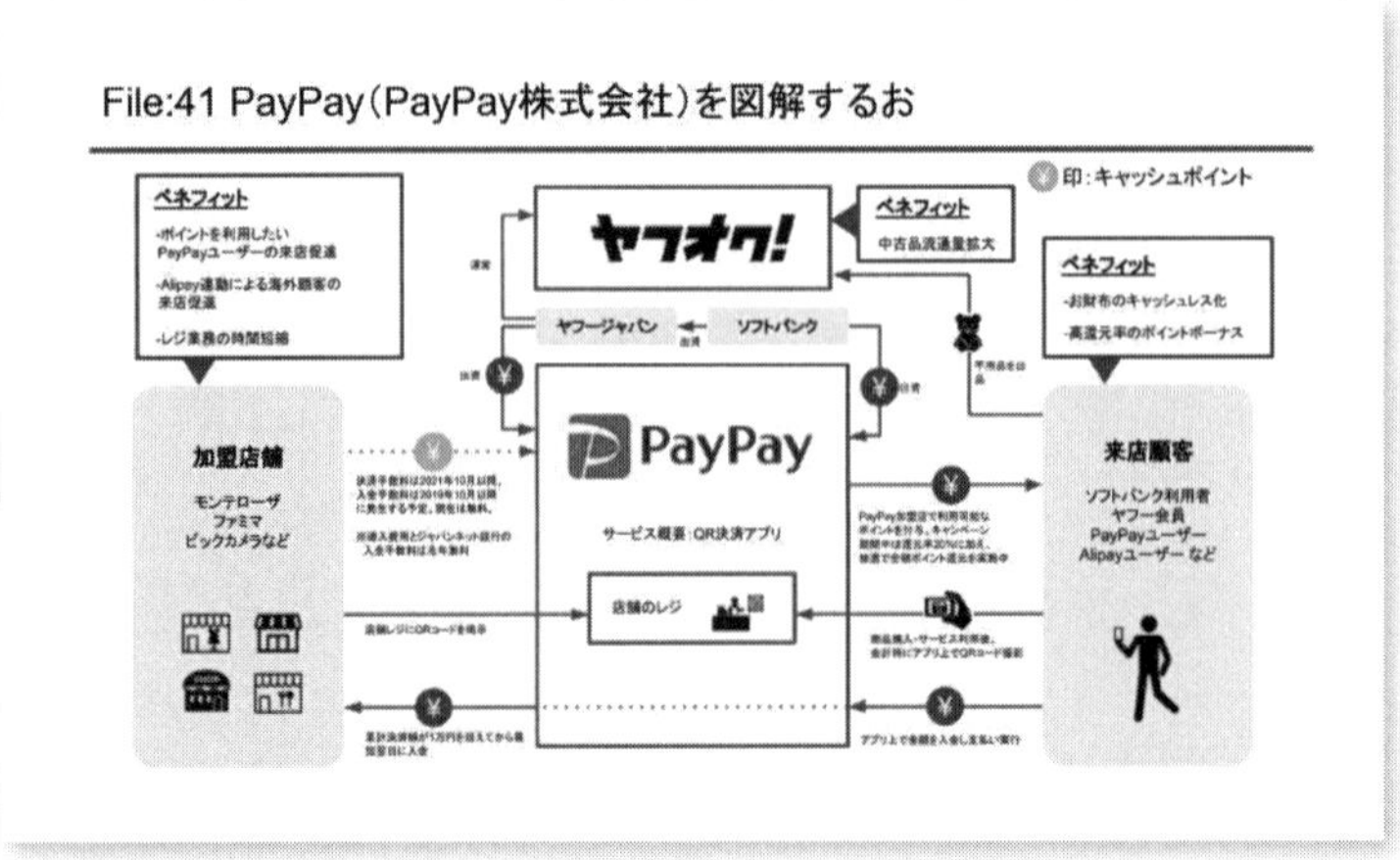

イベントを企画すればソーシャル拡散だけで数十人が集まったり。あとは、図解をした会社の経営者の方や人事の方からリクルーティングのお誘いをいただくことも多くありました。

今のところ就職の予定はないのですが、こういう地味な活動も、何かにつながっていくかもしれません。

起業を考えている人は腹をくくる

会社を辞めてしばらくは趣味の図解をしたり、コンサルをしていろいろな方と会う時間をつくりました。経営者の方、投資家の方、友人、元同僚などです。

そんななか、たまたま参加した「X エックス」というオンラインコミュニティを通じて、起業のメンターをご紹介いただいたのが、会社を辞めて約1か月後の2018年7月末でした。

メンターと起業のお話をするなかでハッとさせられたのが、自分の好きなことや得意なことだけで事業を決めるのではなく、伸びている市場と自分の好きなこと得意なこととの

「交点」を見つけるということです。

ぼくの場合は、ちょっと器用貧乏すぎるところもあって、その「交点」がなかなか見つからないのですが、「伸びている市場の中で、自分が興味をもてそうなこと――今は知らないけれど興味をもてそうなことはあるのではないですか?」とメンターからサジェスチョンをいただいたのです。

趣味の図解で自分の好きなことをまとめて発信してはいますが、知らないところに視野を広げることまではできていませんでした。事業テーマを考えるうえで、どういう視点をもたなければいけないのかに気づかされたのです。

ぼくとしても、前に進みたいという気持ちはもち続けていますが、それでも事業が決まらないのは、やはり1人だったからです。たぶんメンターがいなければもっと孤独で、起業することさえやめて再就職していたのではないかと思います。

ぼくのようなタイプが起業をするうえでは、一緒に考えてくれる人、悩みを吐露できる人の存在はすごく大きいのです。

今の段階では事業は決まっていませんが、実はすでに登記はすませてあるのです。これもメンターにアドバイスいただきました。

ぼくは本当にビビりですし、個人事業主としてとりあえず生計も立っていますから、

「起業する」と言いながら、ぐずぐず先延ばしにしていたのです。そんなときに、『会社をつくって覚悟を決めてやります』と言ったほうがみんな相談に乗ってくれますから、話が早くなりますよ」とメンターに言われました。

その言葉に背中を押されて、登記をしたわけです。つまりぼくの場合、まず会社を設立して、それから事業を決めていくという流れなのです。

人に助けてもらうのが起業家

それこそ凡人っぽいのですが、ぼく自身すごく慎重派で、足踏みしがちな性格なんです。過去に勤めた会社でも、アクセルを踏む人が常に誰かいて、ぼくはどちらかというとブレーキ役でした。なので、起業して自分がアクセルを踏む立場になると、すごくドキドキします。それでなかなか進みにくくなってしまうのです。

そんな性格ですから、2か月くらいかけてメンターと相談しながらようやく決めかけた事業テーマでも、改めてよく考えると、「心の底からいけると思うか、やりたいか」と聞かれたときに自信をもって「うん」とは言えないように思えてきました。

それまでメンターの時間をたくさんいただいているのに本当に申し訳なくて、謝りに行ったこともあります。でもメンターは、「渡さんが納得することがすごく大事ですから、もう一回振り出しに戻って議論しても全然大丈夫ですよ」と言ってくれたのです。

常に足踏みしがちなぼくの背中を、ちょっと押してくれるようなコミュニケーションをしてくださるのが、すごくありがたいです。

起業に興味のある方は、外部のメンターといいますか、応援してくれる人を見つけることがすごく大事だと思います。起業に一歩踏み出した自分を承認してくれる人は必要です。ぼく自身、自己承認力がそれほど高くないので、自分のことを認めてくれて、「一緒に頑張ろう」と言ってくれる人の存在は貴重です。

小原から

渡さんのお話を読んで、「何も決めていないまま起業は危険ではないか?」と思う方がいらっしゃるのではないでしょうか。「無計画すぎないか?」と。

渡さんのケースでは、「起業のメンターと事業を模索しながら、並行して4社のコンサルタントをしている」点がミソです。これによって会社員時代の給与以上を確保されているのです。

特筆すべきは、前職の社長から支援をしてもらっていること。コンサルとしての発注をしてもらったり、退職したあとに前向きな情報発信をしてもらっています。これは、在職中の日々の信用が溜まっていたということです。

今の職場で成果と信用をしっかり獲得し、並行してツイッターやフェイスブックなどSNSでの情報発信を行い、いつでも起業できる〝構え〟をつくれているところが、まさに「失敗確率を落としつつ、長い将来を見越して戦略的に成長意欲をもって起業する」という、凡人起業ドリブンの真骨頂といえるでしょう。

Case 2

人材派遣とロボットによる業務自動化を融合させる

藤澤専之介さん（Peaceful Morning 株式会社代表取締役）

「凡人起業は〝勝者のメソッド〟ではなく〝弱者のメソッド〟です」

大手メーカーから極小ベンチャーを経て大手派遣会社へ

実は前々から起業願望があったのですが、大学卒業後は普通に化学繊維メーカーに就職し、3年間経理をやりました。それでもやっぱり起業したくて会社を辞め、従業員は私を入れて3人というすごく小さな人材業界のベンチャー企業に入りました。

小さなベンチャーなので、社名を言っても誰にもわかりません。ですから、「ぼくがいる会社」とブランディングできるように自分のブランドを高めていきたいと思い、積極的にいろいろな人と会っていたので、最初の1年はすごく面白かったです。

仕事は面白いものの、事業はというと全然うまくいかず、最終的には退社に至りました。スタートアップの大変さを目の当たりにし、結局1年半で辞めて大手人材派遣会社に転職したのです。

小さなベンチャーで起業に近い経験をしてわかったことは、「大変だけど、会社をつくって食べていくことはできそうだな」ということです。でも、当時の私には世の中になくてはならないビジネスをつくり上げる自信がありませんでした。

価値あるビジネス、なくてはならないビジネスをつくれる人間になりたいと思い、興味があった人材業界について学ぼうというのが転職のきっかけです。

31歳のとき、大手人材派遣会社で「限界集落に行って町の人と話す」という不思議な研修がありました。会社からは、「研修中はビジネスのことはいっさい考えないでいい」と言われました。私にとって、社会人になってからビジネスのことを考えない時間というのは、初めてでした。

会社で起業家と話しているうちに起業したくなった

限界集落でお年寄りたちと一緒にお酒を飲んだのですが、みなさん、ただお酒を飲むということがすごく幸せそうなんです。私はビジネスを通じて幸せになろうとしていましたが、本当の幸せとはなんだろうということをすごく考えさせられました。

当時、すでに子供もおり、「子供との時間をもっと大切にしたい。自分にとってそれが幸せではないか」と思ったのです。いつか、親子のためになるサービスを仕事にしたい
――漠然とですがそう考えました。

研修後は私の希望もあり、新規事業を開発する部署に配属されました。そこで1年くらいベンチャーの経営者さんとお会いしたのですが、みなさん自分の信じているビジョンをもち、正直に真っすぐ動いて起業された方たちでした。

そんな起業家の方と接していくうちに、だんだん「自分は何をやっているのかな」という思いと、「起業してチャレンジしてみたい」という気持ちが再び強くなり、会社を辞めました。

起業したくて辞めたものの、きちんとしたプロダクトはありません。

ある方に起業の相談に行ったのですが、その方はぼくの内面を見ていたのでしょう、「本当に自分のサービスをつくって起業する覚悟はありますか?」と問われました。

私が答えに窮していると、「じゃあ、実際に起業して成功している人と会ってみますか」と言われ、起業メンターを紹介されたのです。

それが会社を辞めて1か月くらい経った2018年の8月で、メンターと相談しながら

Peaceful Morningを登記したのが翌9月でした。

最初は、できることをやりたいことに近づけていく

子供もいて、家も買ってローンを組んでいた状況でしたから、妻に「会社を辞めて起業したい」と話したら、返ってきたひと言が「今より稼ぐんだったらいいよ」でした。

起業するにあたり、「スタート時は一時的に極貧生活に陥る」というイメージが私にはあったのですが、妻のひと言で、最初から稼ぐことを前提に起業しなければいけないことになったのです。私の場合、それがすごくよかった。

やりたいことをやるために起業するという方が多いですが、私の場合は「会社にいたときより稼ぐ」という前提を出されたわけです。やりたいことをやるための起業は、博打みたいなもので、うまくいくかどうかわかりません。

Peaceful Morningでやりたいことの一つが、子供の言葉を記録するという事業でした。それをメンターに相談したところ、「自分にできることで世の中にニーズがあればマネタイズできるためマーケットになりますが、藤澤さんがやりたい子供の言葉事業は、おそら

くマーケットはない。それなら、できることをやりたいことに近づけていくほうが近道ですよ」というアドバイスをいただきました。

私はそれまで、できることとやりたいことを行ったり来たりしていましたが、メンターの言葉で覚悟できたのです。なにより妻のひと言のおかげで、「できることをやりながら、やりたいことに近づける」という流れになったので、結果的によかったです。

いきなりやりたいことだけを100パーセントやっていたら、おそらく挫折して、今ごろ再就職していたと思います。

Peaceful Morningで私ができることの一つが、フルリモート（在宅）のママさんたちが在宅で法人の業務をする「フルリモートアウトソーシング事業」です。

ママさんたちが在宅で業務を請け負うのは、事業として単体でお金は稼げる状態です。しかしスケールするビジネスかといえば、そうでもありません。ワーカーをどれくらい増やせるかによって売上が伸ばせるわけですから、ある程度成長のスピードは見えています。

メンターからは、「成長市場で勝負したほうが成長のスピードは早い」ということもアドバイスされていました。そこで、ＲＰＡ（ロボットによる業務自動化）テクノロジーに関する情報の発信をすることにしました。ＲＰＡに関しては成長のスピードがより早いので、今後はＲＰＡテクノロジーに力を入れようと活動中です。

凡人起業ドリブンの効果に驚く

フェイスブックやツイッターなどSNSを使ってRPAに関する記事を発信することで、業界のキーパーソン的な人とのつながりができました。これもメンターにすすめられてやったことですが、本当に効果があって驚いています。

私の場合、Googleアラートのキーワードは「RPA」で、キーワードで引っかかったものを要約してブログでアウトプットすることから始めました。

Googleアラートの検索で1日に5～6件の記事が引っかかるのですが、ニュース性があって読者が知って得する内容かどうか判断すると、使える記事がゼロだったりします。そういうときは、自分なりに「RPAとはそもそも何か」とか、「RPAの効果にはどういうものがあるのか」などについて、雑誌の記事を要約して発信していました。

そうやっているうちに、情報発信して19日目に業界のプロの方からコメントをいただけたのです。短期間で知らない方からコンタクトをいただいたので、「本当に効果があるんだ」と驚きました。

また、いちばん反応がよかったのが「カオスマップ」でした（下図）。業界地図のようなものですが、ブログにアップすると「次も楽しみにしています」というコメントを2～3人の方からいただきました。

調べてみると、フェイスブックで700名くらいのRPAコミュニティがあることを知ったので、そこに「こんなカオスマップをつくりました」とポストしたところ、「うちの会社も入れてください」「こういう面白いサービスがあるので紹介したらどうですか」というコメントが一気に送られてきました。

そしてこれも「凡人起業ドリブン」の

[カオスマップ]

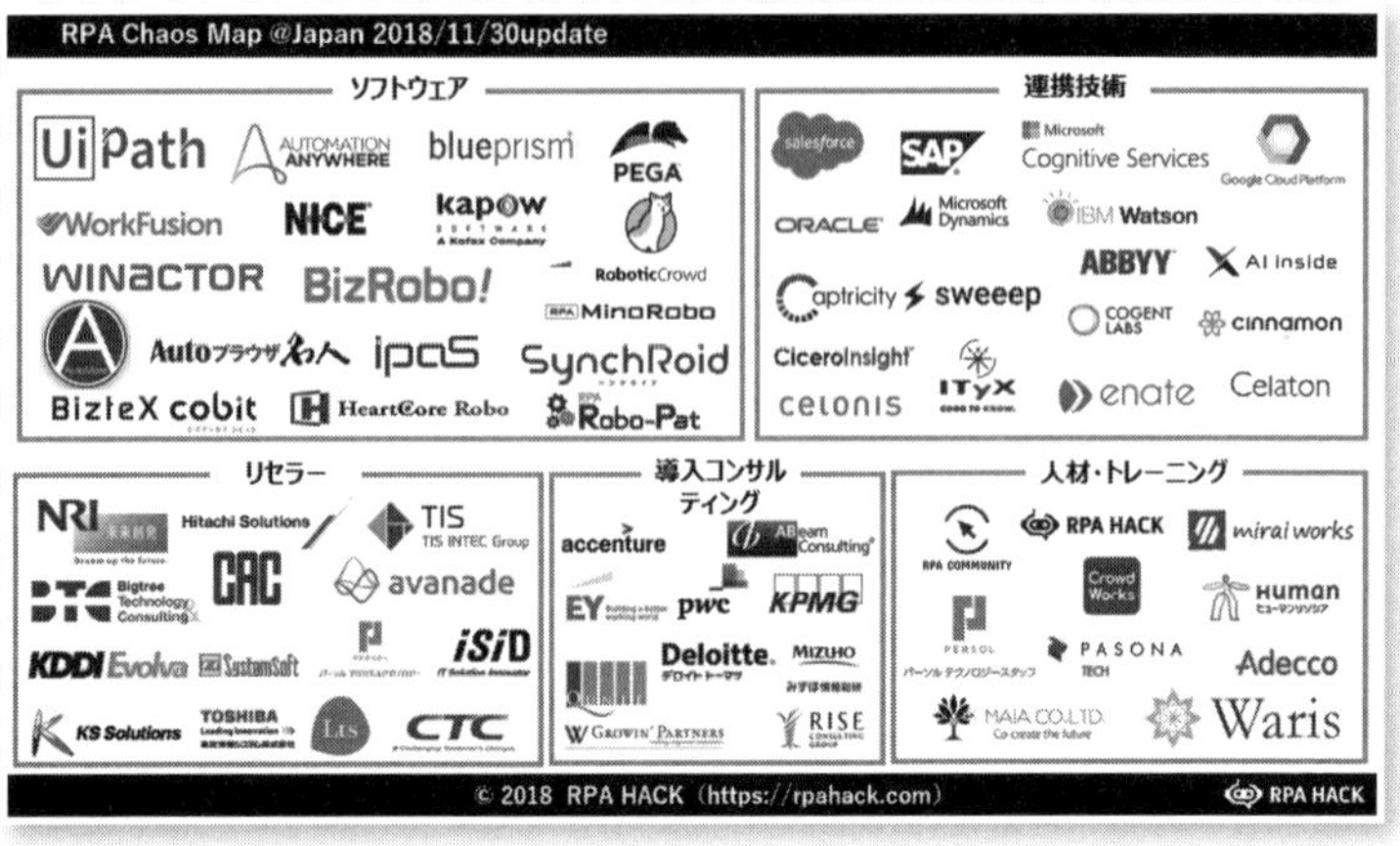

実践で、コメントしてもらった人に折り返しメッセージを送り、ランチをしながら情報を集め、さらに次の方と情報交換するなど回り始めてきた段階に入ったのです。

次のステップとしては、これまではブログベースでやっていたので、ウェブメディアをつくろうと考えています。

ＲＰＡに関するキーマンとコンタクトが取れるようになってきたので、ＲＰＡとフルリモートアウトソーシング事業を融合させたい。つまり、在宅ワークのママさんたちが企業に対してＲＰＡ導入のコンサルティングや、導入支援をするわけです。

今後、ＲＰＡは絶対に必要とされるスキルです。Peaceful Morningでそのスキルを身につけてもらったママさんたちが企業にコンサルすれば、ほかの仕事よりも高いお金をもらって、家で子供とハッピーにすごせます。そういう未来像を思い描いています。

起業に興味のある人は〝弱者のメソッド〟で一歩踏み出す

現在会社員で起業に興味のある方は、なんらかの「思い」があるのではないでしょうか。

私にも、「社内ではなく社会で認められたい」という思いがありました。

会社の中にいながら社会に認められるのはどういうことかを考えたとき、会社の名刺を持っていながらも、それ以外の名刺で働いている状態になりたいと思ったんです。会社以外にもいろいろなことをして働ける自分になれたら、それは社会から認められている状態ではないか――。

とりあえず会社を辞めたら、何かやらなければいけません。起業に向かうか、もう一度就職先を探すかでしょう。ですから、乱暴な話かもしれませんが、起業をしたかったら一度辞めたらいいのではないかと思います。

「辞めて起業しようとしたけどダメだった」という結果であれば、また会社員になればいいのです。


凡人起業のメソッドを実践して思うことは、凡人起業は〝勝者のメソッド〟ではなく〝弱者のメソッド〟だということです。

起業しようと最初に思った自分が強ければいいですが、肩書も実績もないわけですから、だいたいの場合、社会的には弱者でしょう。凡人起業ドリブンは、「弱い中でどう強く見せるか、どう強くなっていくか」という、一歩目を踏み出すためのメソッドになっているので、すごく心強いわけです。

一歩目を踏み出すのは簡単なほうがいいです。凡人起業ドリブンは簡単ですし、なおかつ、一歩を踏み出したらやめられないような仕組みをつくるという考え方です。

私も一歩目を踏み出したときは、そんなに強い覚悟はありません。「言われたからやってみよう」程度なのですが、動き始めたらやめられなくなりますし、得るものも大きいのです。

小原から

藤澤さんが参入したＲＰＡ市場は、今後成長が見込める領域です。しかしまだその成長は始まったばかり。そのような市場では情報がないので、情報発信をすると戦略的にその道のプロになれます。

まさに凡人起業ドリブンのセオリー通りの戦い方です。

また、面白いところでは、ＲＰＡ業界の情報発信をするメディアをつくってＲＰＡに興味がある人材・企業を集めることで、次のＲＰＡ周辺事業（人材）を推し進めようとしています。これはぼくの戦い方の事例のさらに上を行くやり方です。

奥様の要望である「サラリーマン時代より稼ぐなら起業してもいい」という言葉も、藤澤さんにとっては自らを追い込みつつ、それを超えれば妻に喜んでもらえるだろうという心地よい養成ギプスになっているはずです。

身近な人にある種監視されるというのは、単純ですが最も大切です。

Case 3

派遣の受付業務から受付システムサービスで起業した

橋本真里子さん（ディライテッド株式会社代表取締役社長　CEO）

「投資家は事業のアイデアや採算性ではなく〝人〟に投資するんです」

思い入れのあるキャリアを活かす

私は派遣社員として11年間、５社の受付業務に従事してきました。「起業」という言葉がちらついてきたのは32歳の頃です。

最後の仕事は４年間務めたＧＭＯインターネットですが、受付嬢になったときから「いつか引退しなくては」と感じていました。受付嬢という職業はほかの職種に比べて賞味期限、言い換えると選手生命が短いため、ＧＭＯインターネットに入社から２年経った頃に起業を意識し始めました。

「賞味期限」はいい言葉ではないでしょう。でもこの言葉は、特に女性のみなさんがすごく共感してくださいます。「受付」というと、一般的なイメージは「若い女性」ですし、実際にその通りです。私がＧＭＯで働き始めたのは30歳で、「現場はここが最後だな」と思いながら仕事をしていました。

その後の選択肢としては、三つあります。ＧＭＯから正社員として総務などのお仕事のご依頼があったのでそのまま正社員になるか、あるいはまったく違う業種に転職するか、11年の受付業務で身につけたマナーやスキルでフリーランスとして講師などをやるか、です。

受付の方のほとんどは、1～2社で仕事をしたあと違う職業に移るため、長く続ける人が少なく、「受付11年」は珍しかったんです。

受付という仕事の魅力は、たくさんの人に出会えることです。特別なスキルとして臨機応変な対応ができるようになるとか、いろいろな方向から同時に依頼されたことを処理したあとの爽快感もあります。

それから、お客様でも自社の方でも、経営陣や役員の方など一般的な社員が関われないような人と関われるというのも、受付の面白さの一つです。

私はそんな受付という仕事に思い入れがあったので、このキャリアを次に生かしたい。そう思って振り返ってみると、自分のキャリアは私一人でつくったものではなく、雇っていただいた会社や一緒に仕事をしてくれたメンバーや上司など、まわりの方々のおかげで続けてこられた、ということを改めて感じました。

「誰もやらないなら私がやるしかない」という使命感

そこで次のステップを考えると、私にできることでみなさんのお役に立てる仕事は、やはり受付です。11年間、日々受付という仕事に向き合っていましたが、受付の仕事はアナログのままずっと変わっていませんし、課題も見えていました。

たとえば、アポイントが多いビジネスマンは、1日の中で受付に費やす時間もバカになりません。全国規模で考えると、かなり膨大な時間が受付に費やされているのです。受付に対して多少のストレスはあるものの、誰も変えようとしません。

私は「自分が日本一、受付という仕事に愛をもっている」と思って仕事をしていましたから、「現場のことをいちばん知っている私が受付のサービスを提供すれば、価値が生まれるはずだ」という、半ば思い込みで起業を決意しました。「私がやらなかったら誰もやらない」という、考えてみればわけのわからない使命感です。

そうなると、受付を専門にする企業が存在していませんから、私のやりたいことは転職して実現することはできません。ですから会社をつくるしかなかったのです。

そこで立ち上げたのが、ディライテッドです。受付の現場から派生したサービスを提供する会社で、iPadを利用した受付システムサービスが事業の柱です。

起業家の話を聞くことで納得感が出る

起業を決意してからいちばんやったことは、とにかくたくさんの人と会うことでした。私が受付をしていた会社はベンチャー企業が多く、起業家の方がまわりにたくさんいらっしゃったので、とにかく話を聞きに行きました（そもそもGMO創業者の熊谷正寿《まさとし》さんが起業家です）。

みなさんのお話を聞かせていただいた理由は、自分がやろうとしていることが正しいかどうか確認したかったからです。

自分ではもちろん100パーセント正しい事業で、可能性もあると思ってはいましたが、事業をつくったことがある人や起業した人から見て本当に可能性があるかどうか、太鼓判を押してほしかったんです。

すごくありがたいことに、お話をうかがったみなさんがすごく応援してくれて、「絶対起業したほうがいいよ」という意見が圧倒的でした。正直、みなさんの後押しがなかったら起業できなかったかもしれないくらい、背中を押していただいたのです。

すごく記憶に残っているのは、「創業当初にやろうと思っていた事業をそのままできる会社はほぼありません。事業計画はブラッシュアップしていくものだから、極端な話、そこには注目しなくていい。ただ、創業者自身と、やろうとしていることとの整合性がとれていれば、ちゃんと前には進んでいけます」というお話です。

私を支援してくれたエンジェルの投資家の方からは、「もちろん市場の可能性なども見ますが、結局、人に投資するんです」と言われました。一般的には、投資家が気にするのは事業のアイデアや採算性などと思いがちですが、違うのです。

起業しようとしている人のバックグラウンドと、やろうとしていることとに整合性があるかどうかを重視するそうです。事業内容はもちろんですが、それより人間性の比重が大きいのです。

私には受付のスキルしかなかったので、超絶スペックが低いという自覚があります。でも、やりたいこと、やろうとしていることはイメージとしてあり、それに賛同してくれる方がいてくださったのです。

私の場合、行動の原動力は思い込みと使命感です。会社をやっているとすごく実感するのですが、お金はあっという間になくなってしまいます。ですから、お金のために仕事をしていると続きません。

自分が今も仕事を続けていられるのは、「自分がやらなかったら誰もやらない」といった使命感と、「自分は本当に日本一の受付嬢で、世の中の受付を変えるんだ」という思い込みだと思います。

現在は、エンジェルの投資家さんや銀行、ベンチャーキャピタルなど起業を支援してくれる背景がすごく整っています。みなさんに背中を押され、「このチャンスの波に乗ってみよう」と思えたことが、私が前に進めた理由です。

退職時の人間関係を大事にする

起業家の方との面談と同時にやっていたことが、退職の意向を伝えた職場の内部を整えることでした。

私はリーダーをやっていましたから、後任探しや引継ぎなどは1~2か月でどうにかなるものではありません。ですから、退職して起業するという考えが固まった時点でＧＭＯの当時の上司に話をして、これから体制をどう整えていくか相談しながら、２年くらいかけて退職しました。お世話になったＧＭＯに迷惑をかけたくなかったのです。

それからもう一つ。凡人の特徴だと思いますが、お金がないので収入をなるべく長く確保したかったのです。

私は２０１６年1月に起業しましたが、ＧＭＯを正式に退職したのは２０１６年の３月末です。会社のご厚意で、起業後の3月末までは収入があるという状況をつくり、その間に資金調達や起業家との面談を並行してやりました。

これまでの仕事とちゃんと向き合い、同じ受付をしていたスタッフや上長に、次のステップに進むための真摯な気持ちを伝えていたため、二足のわらじを許してもらえ、退職してからも応援してくださるという関係性が築けたのだと思います。

ディライテッドで社員を採用するときにも、前職の方に応援してもらっているか、前職との関係が築けているかなどを詳しく聞きます。退職を決めたときに、今までお世話になった会社や関係者に真摯な対応がきちんとできるかどうかで人間性がわかると思っているからです。

起業は特別な人がするものではない

私の場合、表面的には「30代の受付嬢が起業した」という話ですから、「普通の人にはできない」「相当なやり手だろう」などとよく思われるようです。でも私は、自分を凡人だと自覚しています。

東大や京大、早慶を出ているわけではなく、普通の女子大卒です。ボスコンやアクセンチュア、マッキンゼーやゴールドマンサックスといったキラキラ系のキャリアでもなく、ほぼずっと派遣で働いてきました。

しかし、起業などで注目された瞬間に、起業していない人から、「あの人は特別」という線を勝手に引かれてしまうのです。でも、本当に特別な人なんかではなく、今まで自分が生きてきて何か特徴的なことがあったかというと、何もありません。

ただ、11年間の自分のキャリアに向き合った結果、起業につながっただけなのです。「あの人はすごい」と特別な線を引くのはかまいませんが、どちらかといえば起業した私たちが線を引いているのではなくて、起業していない人が引くのです。

起業後に問われる〝器〟

会社は登記すればつくれますし、正直、誰でもできると思います。それよりも、会社を存続していく、イコール少しずつでも成長していくことのほうが圧倒的に大変で、ゴールがありません。

しかし、起業という選択は人生をすごく豊かにしてくれます。ひと昔前は事業に失敗したら土地家屋を手放すとか首を吊るといった世の中だったかもしれませんが、今はたとえ失敗したとしても、決してそんなリスクを取らなければいけないような仕組みにはなっていません。

ですから、覚悟と、きちんとしたアイデアや思いがあるのであれば、選択肢の一つとしての起業は、人生の幅を広げると思います。

私は今、24時間、365日、夢の中でも仕事をしています。でもそういう状況は、起業人生や仕事人生でそんなに長くはないはずです。死ぬまで続くとなると疲れて挫折してしまうかもしれませんが、長くても10年ぐらいでしょう。

5年、10年経ったときには会社の大きさも変わっています。そうすると、自分の会社や仕事に対する関わり方も変わっていきます。そのときには自分がやりたいことをやれるでしょうから、起業を前向きにとらえられるのではないでしょうか。

それから、起業すれば社員と仕事をするわけですから、他人の落ち度やミスを全部受け入れられる覚悟があるかどうか、といった〝器〟があるかどうかはすごく大事だと思います。

会社の代表者となると、何かあったときに最終的な責任は自分に来るわけです。すごく納得いかないことが起こったとしても、そういうことも含めて引き受けるのが社長なのです。それを、「自分がやったわけじゃないから関係ない」では会社は成立しません。「なんでも受け入れる」というくらいのマインドがないと、無理だと思います。

女性・男性問わず、ステップアップの手伝いをしたい

自分が起業してみて感じたことですが、女性で起業する人が本当に少ないんです。世の中が高齢化し、生産性も就労人口も減っていく状況ですが、女性の活躍する場がどれくら

い広がるかによって未来の姿も変わるはずです。

今は、女性のほうが起業しやすいと思います。女性で起業する人が少ないので、応援してくれる人が多いからです。世の中の流れとして、たとえば国や都が「女性起業家枠」みたいなものをつくって支援しようという体制が整いつつあります。

言葉は悪いかもしれませんが、使えるものは使ったほうがいいと思いますし、使わないとせっかくの支援体制がなくなってしまうかもしれません。

私は今年の1月に出産しましたが、産休も育休もいっさい取っていません。そんな働き方をおすすめはしませんが、私が派遣の受付嬢だったら仕事そのものをやめざるを得なかったでしょう。

けれども、私は起業したので、休む、休まないは自分で決められますし、毎日働いてお給料ももらえるという点は強みだと思います。産休を取る、子育てのために仕事を辞める、というだけでなく、仕事を続けるという選択があるのは、起業ならではだと思います。

実際にディライテッドの女性社員も6月に出産して、赤ちゃんを連れて出社しています。オフィスにベビーベッドがあるのです。社内でそうした前例があれば、女性が働きやすくなりますし、「ライフイベント」を強みに変えられるのも起業家ならではかもしれません。

特に女性は、結婚、出産、子育てなど、ライフイベントがキャリアに影響を及ぼすことが多いと思います。そのため雇用の際に制限があったり選択肢が狭まってしまいがちですが、起業や経営をするのであれば、ある程度自分でコントロールできます。

ここまで女性の話をしてきましたが、私は女性だけを支援したいと思っているわけではありません。本音を言えば、「女性起業家」という言葉にすごく違和感をもっています。起業に男も女もないからです。

起業する女性が少ないから「女性起業家」と言われるだけで、DeNAの南場智子さんのような方になると「女性起業家」とは言われないでしょう。立派な「起業家」です。ゆくゆくは、世の中から「女性起業家」という言葉をなくしていかなければという思いはあります。

ただ、「女性起業家」という枠が存在する限りは利用すればいい。「女性起業家」が自然に増えていけば、「女性起業家」という区別もおそらくなくなっていくでしょう。

私の次の夢、やりたいことは、ディライテッドのメンバーのお手伝いです。

ディライテッドにはすごく優秀な人たちがたくさんいて、私はみんなに担がれているお神輿《みこし》のようなものです。ですから、誰かが起業したい、次のステップに進みたいというときは、私のツールやリソースを提供して、今度は担ぐ側になりたいですね。

小原から

「11年間、日々受付という仕事に向き合っていましたが、受付の仕事はアナログのままずっと変わっていませんし、課題も見えていました」

「自分は本当に日本一の受付嬢で、世の中の受付を変えるんだ、という思い込み」

この二つは橋本さんご自身の実績・強みからきており、起業するときにこれほど説得力がある言葉はありません。

あとはやり方です。

「iPadを利用した受付システムサービスを提供していく」――ここに参入ビジネスのひとひねりがあります。

受付パーソンの人材派遣会社を選択せずに、ＩＴを使って解決していくことを選択されています。ご自身の発言の中に「ビジネス経験が浅い」とありましたが、おそらくご自分の当初のアイデアよりも、人脈を活かされて起業家に相談するうちにビジネスアイデアが磨かれていったのだと思います。

その結果、凡人起業ドリブンの〝競争を避ける〟（人材派遣会社はたくさんあります）、

〝高成長参入〟（これから受付がiPadに置き換わっていくのはイメージできますよね）による、勝ち筋が見えているのです。

こうなると投資家がついてきます。すでにディライテッド社は東京を中心に1500社に受付システムを提供しています。ニッチでもナンバー1領域をつくった好例です。

Case 4

カード会社勤務から新たな保証ビジネスで起業した

小山裕さん（Gardia 株式会社代表取締役社長　CEO）

「少しでも頑張る気持ちがあるのなら、とりあえず動いてみましょう」

不正カード決済での店舗の負担を助けたい

私はもともと、大卒後20代まではエンタメ業界（音楽関係）の会社に籍を置いていました。その後、紆余曲折を経て、新しいことをしたいと思ったので三越伊勢丹グループに入社し、クレジットカード事業に携わりました。

4年ぐらいペイメント（決済）の仕事をやって、それなりに知見も蓄積したため、2012年後半に会社を辞めて、創業メンバーの1人として決済の保証会社を立ち上げました。

クレジットカードでの買い物はもはや日常的ですが、カード情報をなんらかの手段で盗まれるリスクがあります。

たとえばAさんがカード会社から送られてきた明細書を見て、買い物した覚えのないB

店の高額商品の代金が引き落とされていたとします。すると当然、カード会社に「買い物していないのに引き落とされている」と連絡し、カード会社が詳細に調べ上げてAさんは買い物をしていないと判明したら支払いを取り消してくれ、Aさんに支払い義務は発生しません。

ところが、Aさんのカードで買い物をされたB店は、不正利用をされた被害者なのに、カード会社は何もしてくれません。つまりB店から見ると、商品は返ってこないし代金はもらえないしで、踏んだり蹴ったりです。カードを不正利用された店舗側の負担が大きいわけです。

私は仕事柄、さまざまなお店の声を聞く機会が多く、不正利用に対して店側がリスクを負わなければいけない現状には常々疑問を感じていました。これが解決できれば世の中のメリットになり、(陳腐な言い方ですが)よいことができると思い、店側のリスクを保証するサービス、ペイメントの会社を起業したわけです。

「凡人起業家」との出会い

私はカード事業での経験をもとにペイメントに関するアイデアは出せますが、キャッシュフローなど経営に関してはド素人でした。それで、経営に明るい人を社長に迎え、一緒に会社を立ち上げました。

このビジネスはすごく反応がよく、約2年でそのサービスは一般的になりました。実際、私たちの会社に対してM&Aをもちかけてくる企業もいくつかあり、「これはいける」と思っていた矢先、社長の個人的な不祥事で会社の信頼が失われてしまったのです。

自分のアイデアで事業を興して、非常にうまくいっていたのに、事業とは関係ないところで会社の信用が失墜した――信じられませんでした。自分の人を見る目のなさを呪うしかありません。

とはいえ、起きてしまったことをくよくよしてもしようがないので、どうすれば次に踏み出せるかを考えながら会社を立て直そうとしていました。

ありがたいことに取引先のみなさんが、「悪いのは社長で、小山さんが悪いわけではないから」と、すごく応援してくださいました。とはいえ、コンプライアンスに触れる話ですから、会社単位としてのお付き合いはもうできません。一方で当時の会社からの給料もまともに入ってこない状況になってしまったので、会社の立て直しと並行して自分の収入を確保することも急務でした。

うれしいことに「小山さん、次はどうするの？」と気にしてくださる方が多く、決済、ペイメント関連の５～６社からオファーをいただくようなありがたい状況でした。そのようなかで出会った1社が、小原さんのAppBroadCast（のちに通信会社グループに吸収合併）だったのです。

AppBroadCastはメディアの会社、つまり異業種ということになりますが、小原さんの事業へのコミット力や人柄にすっかり惹かれた私は、小原さんと歩みを共にする決断をするのにほとんど時間はかかりませんでした。２０１６年前半のことでした。

自分でできることを武器に会社を立ち上げる

AppBroadCastでは、自分のもともとの強みであるペイメントの知見を活かしながら、いい組織をつくることにコミットできると考えました。

まったく新しい業界にあえて飛び込んだわけですので一から勉強しながらの日々となり、楽しいことも大変なこともいろいろありましたが、人にも恵まれて総じて充実した時間を過ごさせていただきました。

ところで、小原さんとご一緒して1年ほどが経過した2017年になった頃には、並行して進めていた前の会社の立て直しは残念ながらほぼ絶望的なことが明らかになっていました。その一方で、ペイメントの分野で、実は以前からやろうと思ってあたためていた企画が私には二つありました。

それを各社に打診したところ、実現可能だという会社がありました。それが今のGardiaの親会社、フリークアウト・ホールディングス（以下フリークアウト）です。フリークアウトの佐藤裕介社長（当時）から直接オファーをいただき、通信会社グループから転職するかたちでフリークアウトに移籍したのが2017年の7月です。移籍にあたっては、小原さんと通信会社グループの社長に背中を押していただいたのが決定打になりました。

このときは起業ではなく、フリークアウトの投資先であるフィンテック事業会社の役員に就任する形でした。その会社の新たな事業として、私があたためていた二つのアイデアの両方を実現するつもりでしたが、その会社の最終意思決定は、アイデアのうちの一つをその会社のプロダクト上で実現させることに全力を尽くす、というものになりました。

そこで佐藤さんに私の事業アイデアのもう一方の実現について改めて相談してみました。するとすごく乗り気になってくださり、「今、小山さんが役員をしている会社とは別に新しい会社をつくって両方やればいい」ということになったのです。
その後はあっという間に事が運びました。2017年10月2日にGardiaの会社登記を完了させ、代表取締役に就任しました。

「ドタキャン」で困っている会社や店の「リスクのお守り」になる

Gardiaの事業の軸の一つは、「保証」です。私の考えた保証は、事業者側が抱えるリスクを保証することです。一般的な保証のビジネスは、民法が想定している債権者、債務者、保証人の間で起こることに対する保証のみです。

Gardiaで行っている保証は、簡単に言えば、サブスクリプション（物の利用権を買う）やシェアリングエコノミー（物や場所を共有する）といったサービス全般が対象です。

たとえば、月々の会費を払うと高級品が借り放題というサービスがあります。買うと高いけれどそんなに使うわけではないので、必要なときに借りればいいというレンタルサービス業は、今非常に伸びています。

買えば20万円ぐらいする高級カメラ、家電ならルンバ、ブランド品のバッグなどが、月々数千円などの会費で借りられるのですから、便利です。

事業側のビジネスモデルとしては、会員をたくさん獲得して収益を上げていくわけです。しかし、高級品を借りて転売するという悪意あるユーザーもいます。そのような不測のリスク、損害は、貸した側の会社が自社で抱えることになっています。

そのリスクをGardiaが保証するのです。モデルとしては、各事業者から毎月一定額をいただき、品物が持ち逃げされた場合はその品代を保証するわけです。つまり、病気やケガをしたときのために払っている保険料のようなものといえるでしょう。

新しい事業としては、ノーショー（無断キャンセル）保証をやっています。ご存じの方もいるかもしれませんが、「ノーショー」は飲食店を予約したにもかかわらず当日に無断キャンセルすることで、社会問題化しています。

Gardiaは、店舗から月々一定額をいただき、ノーショーの際に保証します。

Gardia創業当初から、中堅の某飲食予約メディアが参画してくださり、その後2018年の11月には誰もが知る超大手の飲食予約メディアとパートナーシップを締結しました。登録している全店（一部条件付き）がこの保証サービスに加入することになったため、今も保証の加入店数は増加の一途をたどっています。

また、ノーショーが問題になっているのは飲食店だけではありません。最近、宿泊や美容サロンの予約を無断でキャンセルするケースも増えています。ノーショーの関係が成立するサービスすべてで、Gardiaの出番があります。

実はこのGardiaの保証サービスは、既存の保険会社ではできないことなのです。詳しく話すと専門的になるので省きますが、保険業法などの制約があるのです。

ですから、私たちはそれに変わり、サブスクリプションやネット予約ノーショーの保証をするわけです。

現在、同じような事業をやっている会社はありません。おそらく、これからもあまり出ないでしょう。というのは、保証の仕組み自体はすごく簡単ですが、保証料を算出したり安定的に事業を回していくには独自のノウハウや経験則が必要だからです。

保証するわけですから、店に保証金を支払うなど一定のキャッシュアウトが発生してしまい、本当にうまくやらないと儲けが出ません。そこでどうすれば利益を出せるのか、という部分が私たちのノウハウなわけです。他社がこのノウハウを真似するメリットはないでしょうから、参入障壁は高いのです。

自分の経験を社会のニーズと組み合わせる

他社がやっていなかったビジネスをGardiaがやれたのはなぜかを考えると、私には三越伊勢丹での経験があり、以前の保証会社での経験があり、決済や保証に対するニーズがわかっていたからです。

それに、数年前からずっと検討・検証していたアイデアですから、ノウハウがすでに私のなかで確立していました。

新しいサービスですから、リスク度合いは基本的にわかりません。わからないのに無我夢中でやれたのは、やはりスタートアップの身軽さがあったからだと思います。

ただ、事故が起きるのは確定していますし、キャッシュアウトも確実に見えていますから、弱小スタートアップではそんな不測の事態にはお金を出せません。保証される側からも、「おたく、大丈夫なの?」と思われるわけです。つまり、ノーショーなどの保証ビジネスはスタートアップがやるべき領域ではなく、実際には資金がないとできません。

私が運がよかったのは、保証ビジネスのノウハウがあったこともそうですが、佐藤裕介というトップからお墨付きをもらいながら、フリークアウトという上場会社のグループの一員としてやれた点です。いろいろな要素が絶妙に絡み合ったため、うまくできたということです。

凡人でも失敗を糧とし、まわりへの感謝を忘れなければなんとかなる

昔の私を知っている人は、私が「会社を経営している」と言っても全然信じないと思います。それくらいビジネスにおいては凡人だからです。そんな私を起業に衝き動かしたものは、「保証」という確実にニーズのある領域を見定め、(誤解を恐れずに言えば)あまり頭がよくないゆえに深いことを考えずに速やかにその領域のナンバー1になるべく動けたからだと思います。

たとえば、優秀な頭脳の持ち主であれば、会社をつくろうと思ったら事業計画を考えるでしょうし、新しいことをするわけですからリスク度合いなど、一定の計算をして綿密な準備から始めるはずです。でも私は基本的にそういうことは最低限にして、まず動くことを優先にしました。私の場合、考え始めるとハマってしまい、全然動けなくなってしまう

からです。

ですから、「これだけのアイデアがあるので、ダメモトでやってみるしかない。やりながら考えて、ダメだったらやめればいい」――そういう動き方しかできないのかもしれませんが、とにかく動くことがベストな戦略だと考えました。

今でも、「具体的にどういう数値的な計画をもって、それをもとにどんな展開を考えているのか、定量的にGardiaのビジネスを説明してください」と言われても、「そんなことわかりませんん」と言ってお茶を濁すようにしています（笑）。

なお、凡人とは正反対な起業家の方々は、中途でピボット（事業転換）等する場合もあるものの、一般的には綿密な事業計画やロジカルな戦略、または良質なプロダクトの開発を武器にしながらスムーズに成功を収めている印象があります。前出の佐藤さんしかり、フリークアウト創業者の本田謙さんしかり、Gardiaの有力パートナー先の一つであるバンク社の光本勇介さん（会社を二桁億円でウェブ関連企業に売却後、ＭＢＯ）しかり、コネヒト社の大湯俊介さん（運営する会社を通信事業グループにバイアウト）しかり。

一方で凡人起業家は、いろいろな方々の助けを借りながら、また失敗を繰り返しつつその失敗を糧にしながら、その後ようやく成功へのチャンスを掴んでいくものだと思っています。

私がまさにそうですが、あとから振り返ると、ところどころで無駄な動きが多いですし、途上で余計なトラブルにも巻き込まれたりしています。そのような紆余曲折を経ながら、でも周囲の人には本当に恵まれた結果、多くの方々に助けていただいて、時間をかけてようやく燦たる結果を掴めそうなところまでたどり着けているのかな、と思っています。

起業に興味があったら、とりあえず動く

起業に興味のある方は、とりあえず動きましょう。

私の場合、最初に立ち上げた会社で大きな困難を経験しましたが、それで落ち込むだけ、悲しんでいるだけでは何も変わりません。ですから、つらいなりに、少なくとも自分にできることを何かやろうと思って動きました。

お世話になっていたパートナー先の社長に電話をしまくり、せめて謝りに行くという、当たり前といえば当たり前の行動です。でも、動いたことで、「何か一緒にやろうよ」と声をかけてくださる方がいるのです。

現状に愚痴や不満があるのなら、そこを抜け出すという意味でも、少しでも頑張る気持

ちがあるのなら動いてみましょう。「案ずるより産むが易し」ではありませんが、きっと何か起こるはずです。

仮によくない結果に終わったとしても、「実行してみたら、よくない結果になることがわかった」という事実を得られるので、それを踏まえて次の行動が起こせるわけです。

結局、動いてやってみないことには何事もわかりません。仮に思いついたとしても、どれだけ行動に移してトライ・アンド・エラーしながらやれるかだと思います。

新しいことにチャレンジすることは本当に大変ですが、それは楽しめる大変さなのです。Gardiaのウェブに私の決意表明めいた文が載っていますが、ひと言で言うと、「みんながもっとチャレンジできる世の中になってほしい」ということです。

たとえば、「素晴らしいサービスがあります。それを世の中にローンチしたらきっと世の中がよくなると思いますが、リスクが怖くて動けません」という方がいるのであれば、そのリスクをGardiaが引き受けるので、チャレンジしてほしいのです。

これは私個人の想いでもあり、Gardiaが社会にできる恩返しだと思っています。

小原から

35歳を過ぎてからの起業は、失敗確率を落とすために、その業界のプロという状況になってから行いましょう、というのが凡人起業です。

小山さんは、「3か月という超スピードで、佐藤さんのお力添えで起業できた」と言っていますが、小山さんの過去のノウハウ・経験・営業の裏打ちがなければ到底そのようにはなり得ません。

小山さんと働いたことがあるぼくからしてみると、ご一緒に働いていたときよりも、過去のペイメント経験を活かした今のGardia社長のほうが数十倍、輝いています。社会的に見ても評価は高まっているでしょう。

第4章 まとめ

分類	No.	項目	渡さん	藤澤さん	橋本さん	小山さん
マインド	1	自分の能力を信じない	●	●	●	●
マインド	2	よい市場を選ぶ		●	●	●
マインド	3	コツコツ続ける仕組みをつくる	●	●		
スキル	00	今いる会社の社長に起業の相談をする	●		●	●
スキル	01	競争を避ける		●	●	●
スキル	02	毎日継続できる、レベルの低いことをする	●	●		
スキル	03	毎日継続せざるを得ない養成ギプスをはめる	●	●		
スキル	04	無料セミナーをし、資料をつくらざるを得ないよう追い込む				
スキル	05	自分を信用していないからヒアリングを大切にする			●	●
スキル	06	誰も否定できないことを整理して先駆者感を出す				
スキル	07	お金がないから広報に取り上げられる工夫をする				
スキル	08	自分にはチャンスが少ないことを認識し、真剣に提案する			●	
スキル	09	お金の使い道が見えてから資金調達する	●			●
スキル	10	社員に名前を売ってもらう。売れば売るほど営業が不要になる				
スキル	11	ニッチでもNo.1と言える領域を徹底的につくる				●

第5章

もしあなたが起業するなら

起業家になった姿を想像してみよう

ここまでは、まず私の起業事例の紹介、そこから導き出した凡人起業ドリブン、そしてほかの起業家の事例を見てきました。

さあ、次はあなたの番です。

せっかく本書を手に取ったのですから、「もし私が起業したら」ということを考えてみませんか?

しかし、無責任にすすめるつもりはありません。ていねいに考えていきましょう。

まず、あなたの状況から起業スタンスを考えてみたいと思います。

あなたが30代以上なら、「やりたいことをやる」ために起業してはいけません。身軽な20代と、家族やローンを抱える30代半ばでは、人生状況が異なります。

30代で市場を無視して「やりたいことをやる」と言って失敗すれば、無責任でしょう。

実際、失敗できないので、その責任感から起業に踏み切れない人が多いのではないでしょうか。

30代以上で大事なことは、「やりたいこと」より、それまでの経験で培った自分の強みを活かして「見えていること」「求められていること」をやることです。

一方、20代であれば、とりあえず「やりたいこと」からでもかまいません。身軽ですから失敗してもやり直せますし、1回目の失敗経験から学べば、次でうまくいくかもしれないからです。夢を大きく語って勝負するのがいいでしょう。


では、30代以上の、失敗してはならない方は、どのような事業を手がけるべきでしょうか。

本書を読み進めた方であれば、スマホな

[20代での起業と30代半ばでの起業の違い]

	20代	30代半ば
メリット	◉家族がいなくて身軽 ◉起業に失敗してもやり直しがきく ◉生活レベルが質素	◉一通りのことを経験し、ビジネスがわかっている ◉人脈を活かせる
デメリット	◉仕事をやり始めたばかりで経験知が少ない ◉人脈が少ない	◉子供や家のローンがあり責任が重い ◉失敗すると家族に迷惑がかかる ◉生活レベルが上がっている

どＩＴを活用したビジネスだと理解いただけるはずです。

失敗しない起業ができるスマホＩＴ時代

ＩＴ起業を前提に、あなたが今いる業界の変化を察知し、自分の経験をどう活かせるかを考えましょう。

私の場合、ガラケーからスマホへという、モバイル業界の変化がありました。そこで、ガラケー業務に携わって得たゲームのマーケティングの知見を活かし、スマホ市場で起業したわけです。

あなたが身を置く業界内でも、必ず変化が生じているはずです。その変化に対する、経験を活かした、自分なりのＩＴサービスでの解決法を見つければ、それを軸に着実に起業することは可能です。

起業前からツイッターやフェイスブックを活用して情報発信を始め、副業が大丈夫な職場であれば関連する副業を探しましょう。

ＩＴが密接に関わっていない、昔ながらの業界のほうが、これからのチャンスは大きい

[失敗しない起業ができるスマホIT時代]

	2010年以前の起業	スマホIT時代の起業
起業前の情報発信	✕ SNS未発達 ＝ 起業前に人脈形成し難い	○ SNS発達 ＝ 起業前に人脈形成し易い
起業前の資金集め	✕ エンジェル投資消極 VC調達難	○ エンジェル投資積極 VC調達易
事業コスト	✕ サーバコスト高 開発コスト高	○ サーバコスト安 開発コスト安
集客方法	✕ ターゲティング難 ＝ ユーザ獲得コスト悪	○ ターゲティング易 ＝ ユーザ獲得コスト良

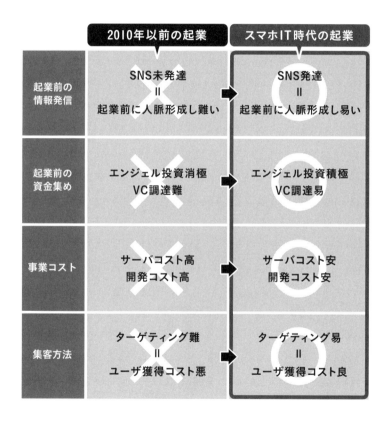

ように感じています。

「スマホ×何か」がビジネスのヒントになる

ヒマつぶしのゲームやLINEでのコミュニケーションが普及しましたが、これからの時代はエンタメ以外の分野でのスマホ活用が花開くでしょう。

スマホは成熟期にさしかかっていてアプリも普及し、ユーザーがスマホを使う頻度も上がっています。今後はゲームなどエンタメにとどまらず、自分の生活をよりよくしてくれる実用的なアプリを使う人たちが増えていきます。

たとえば、地図やタクシーの配車ア

［スマホ×「何か」＝新規事業創造のヒント］

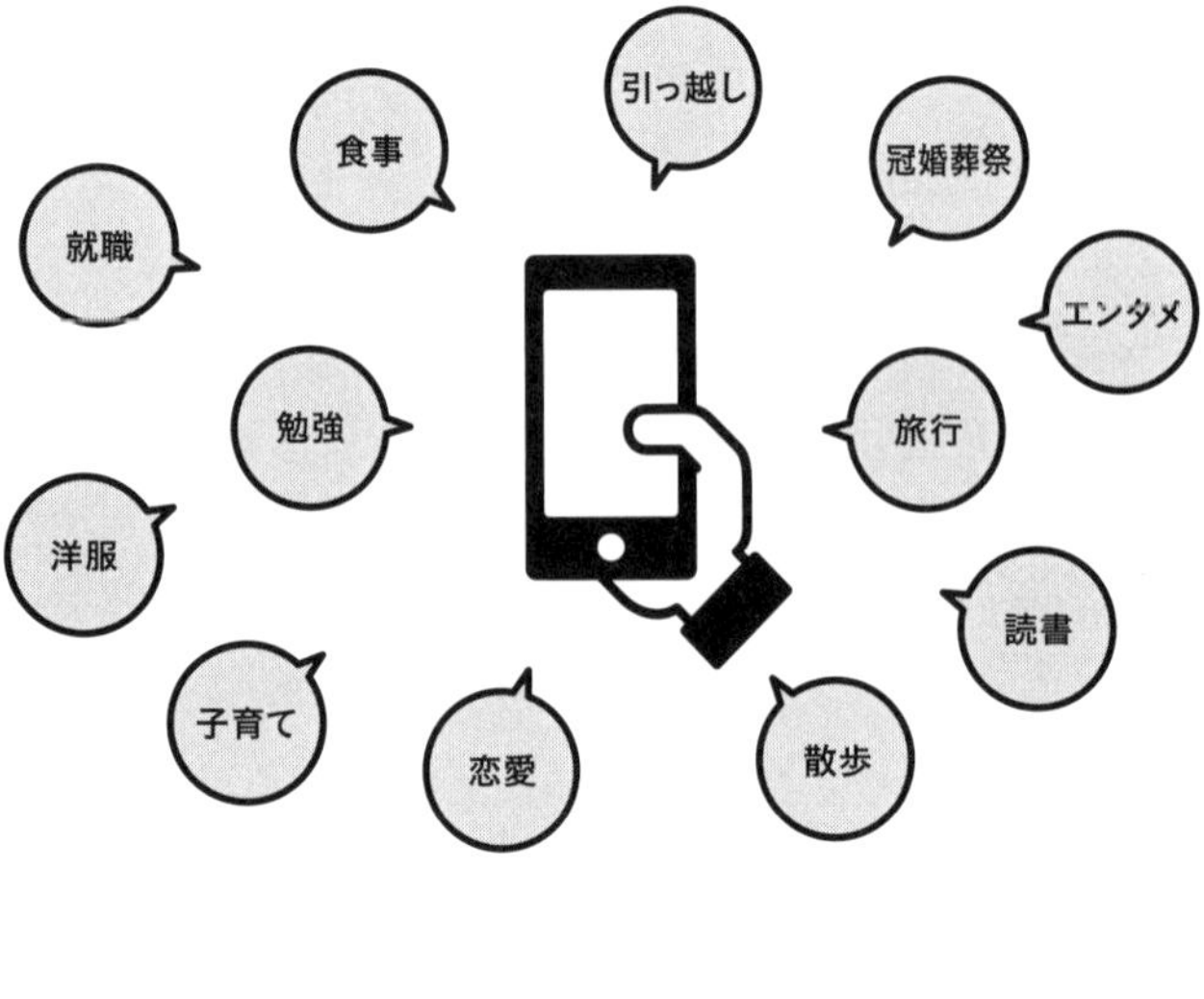

プリ、クリーニングもスマホアプリで呼ぶことができます。これらはスマホアプリだからこそやりやすい、日常生活をよりよくするためのアプリです。常にオンラインで、常に身近にあるというスマホの特性を活かしたビジネスは、どの業態でも考えられるでしょう。

生活が便利になるようなソリューションで、まだＩＴ化されていないことはたくさんあります。自分が携わっていることはＩＴと直接関連がなくても、「自分の業態×スマホ」によって便利になるサービスは検討可能だと思います。

たとえば、「自分の業界を便利にする×スマホ」を列挙してみてください。的外れでも、詳しくなくても、レベルが低くてもかまいません。

スマホならではのサービスを考えることが、起業の一つのヒントになるのです。

スティーブ・ジョブズでさえも過去から未来が生まれると信じていた

コツコツと働いてきたことによって、あなたの中には特定の業界の知識・スキルと経験が溜まっています。そこにスマホを活用したＩＴソリューションを提供することで非効率がなくなるなどの、生活がよりよくなるサービスを、あなただから見える景色から想像性をもって考えてみてください。

　スティーブ・ジョブズでさえも、アイデアとは降ってくるものではなく過去から生まれてくるものだとスピーチしています。

「未来に先回りして点と点をつなげることはできない。きみたちにできるのは過去を振り返って点と点をつなげることだけだ。だから点と点が、いつかなんらかのかたちでつながると信じなければならない。自分の根性、運命、人生、カルマ、なんでもいいから、とにかく信じるのです。歩む道のどこかで点と点がつながると信じれば、自信をもって思うままに生きることができます。たとえ人と違う道を歩んでも、信じることがすべてを変えてくれるのです」（スタンフォード大学卒業生へのスピーチ：２００５年）

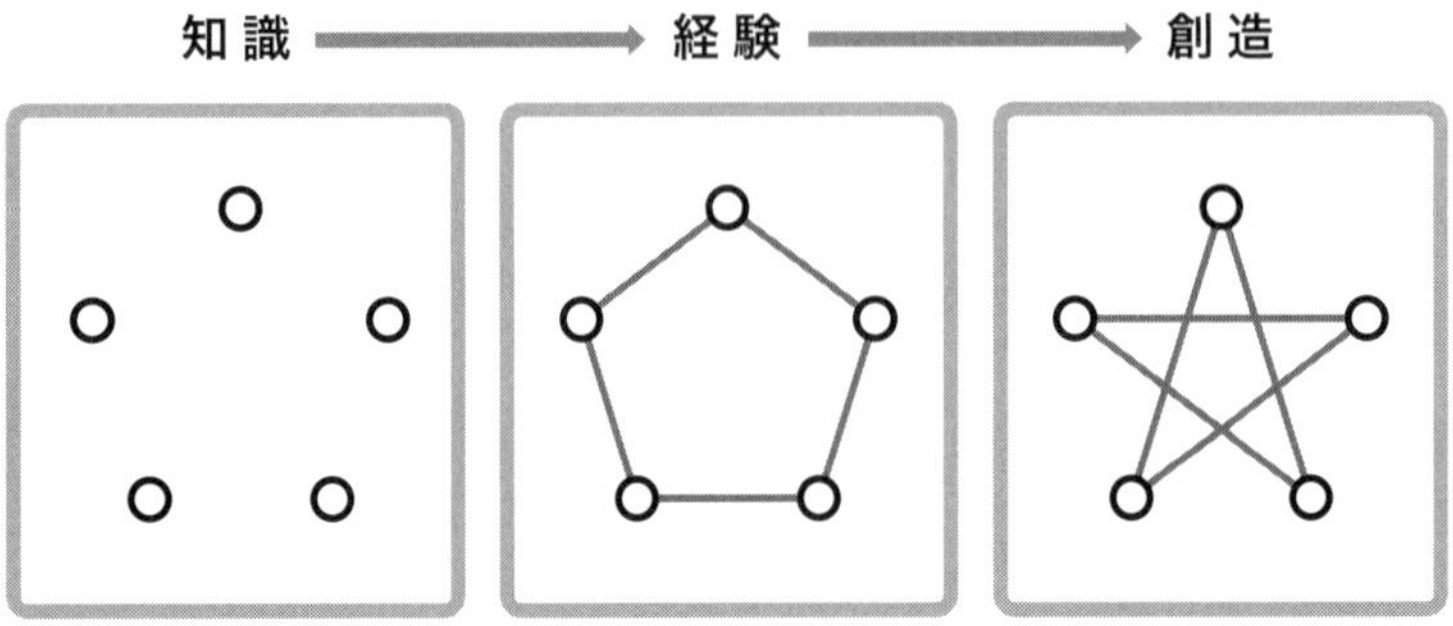

起業シート

起業にあたり、世間一般に言われている事業計画は最初は不要です。

あなたの経験が活き、事業が成長するストーリーを考えることが大切です。

ゼロから起業テーマを考えるのは難しいので、ぼくの追体験をまずはやってみましょう。

そのためにまず、日常の雑音はシャットアウトして、今までの自分を認め、ほめてください。そうして自己回復をしたのちに、次のシートを埋めてみてください。

1 あなたがつくる会社の名前を仮に決めてください

2 あなたのビジネス経験を時系列でまとめてみてください

3 ビジネス経験からあなたの強み（人脈・スキル）をできるだけ多く書き出してください

4 あなたがいる業界の変化、非効率なこと、5年ほど先の業界の未来を描いてみてください

5 業界の変化・非効率・未来を見越して、本来であれば取り組むべきことを書き出してください

6 本来であればやるべきことのうち、あなたの強み（人脈・スキル）が活きることを書き出してください

7 6をスマホなどのITを活用して実現できるアイデアを考えてください（従来の習慣を変えるくらい柔軟に考えてみてください。たとえば「Uberはアプリからタクシーを呼べるのでユーザーはタクシーを効率的に拾えるようになり便利になった」）

8 そのアイデアを実現するにあたり、どのように立ち上げていくか書き出してください（業界大手と業務提携して集客してもらうなど）

9 立ち上げにあたって何が足りないか書き出してください（大手と提携するにあたり大手の担当者を知らない、大手の戦略を知らないなど）

10 足りないものをどのように補っていくか書き出してください（SNSで情報発信をして有識者と会えるようにする、業界セミナーに参加するなど）

11 補えたとして、誰が顧客で、どのような痛みをどう解決し、どうお金をいただくか改めて整理してみてください（事業アイデア化。あればよいというよりも、ないと困るものをめざしましょう）

12 11の事業アイデアには競合はいますか？　いればどのように差別化を図っていくか書いてみてください

13 起業した直後は、短期的に何で稼いでいくのか（一段目のロケット）と、11の事業アイデアにどうつなげていくのか（二段目のロケット）を書いてみてください

14 事業アイデアが実現したら、将来どんな事業につながりそうでしょうか？（三段目のロケット）

15 まず短期的な稼ぎの課題はどのように解決していきますか？（まず最初にやること）

16 短期的に取り組むことと将来の事業アイデアをみて、改めて会社名をどうしたいか書いてみてください。そして事業概要を添えましょう。

会　社　名：

代表取締役：

事　業　概　要：

17 あなたの会社を立ち上げるにあたって、情報発信することは何でしょうか？（何のプロになるのか）

18 あなたの起業について、あなたの会社の社長や経営陣にどう相談するか、いつ相談するかを書いてみてください。

ここまで書いてみて、実感は湧きましたでしょうか？　ワクワクする方であれば、起業を検討されるべきでしょう。

どうにも筆が進まない方であれば、「いつか起業する」と決めて、今の仕事に打ち込んで強みを磨かれるのがいいかもしれません。

強みに関連する副業を始めてみたり、スタートアップに転職をして起業する前に体験学習するのも有効な手段です。

そして後日、またこのフォーム記載に挑戦してみてください。

なお、筆者のサイトに上記項目を入力するフォームを用意しています。記入して送信すれば、筆者から簡単にフィードバックをさせていただきます。

「起業検討フォーム」提供：株式会社 StartPoint　https://startpoint.jp/

あとがき

2019年2月、ぼくは他の方から見ると奇異な一手を打ちました。

この本を手に取られた方であればご存じかもしれませんが、2018年末に炎上していたオンラインサロン「脱社畜サロン」にオーナーとして参画したのです。

「小原はおかしくなったのではないか」と言われると思いました。

しかし、実際には私の今までの活動を見てくださっていた500名を超える方々から激励を受けました。

ぼくは凡人として、自分なりにコツコツとやってきたつもりです。

起業を志すも相談相手がおらず、15年間もの間悩み続け、そして起業しました。

今はオンラインサロンという文化が生まれ、起業家と直接つながることができる時代で、うらやましいかぎりです。

「脱社畜サロン」の申込みページには次のように書いてあります（2019年2月現在）。

「脱社畜して、起業したい！」

（でも、ネタも決まっていなければ、そのためにどこから手を付けたらよいかわからない）

こんな悩み、抱えちゃっていませんか？

「起業のスタートラインに立つためのスタートの切り方」を身につけましょう！


このページを見て申し込まれた方々は、このサロンが炎上したときに後悔したり、自信を失ってしまったりしたのではないか。

起業することそのものを怪しいことと勘違いして、あきらめてしまうのではないか。

ぼくはそう感じました。

ぼくが起業する前であれば、「脱社畜サロン」のメンバーになっていたはずです。

昔の自分のような方々が集まっているのであれば、自分が励ましにいくのは当然のことでした。

「凡人起業家として起業を応援する」

そういう人生を歩んでいくという宣言でもありました。

本書は、起業に向け今日からはじめられることをできるだけ具体的に記したつもりです。この本を活用し、起業の思いをぜひ具体的に検討してみてください。

本書が起業すべきか、あきらめるのかの意思決定のツールになれば、著者としてうれしく思います。

最後に。

凡人起業の仲間として取材に応じてくださった、渡さん、藤澤さん、橋本さん、小山さん、法律的観点から監修いただいた長尾先生、粘り強くご指導くださったＣＣＣメディアハウスの鶴田さん、ライターの高関さん、ありがとうございます。

そしてなによりも、ぼくの創業時にぼくを信じて出資し、その後もいちばんのビジネスパートナーとして支えてくれた妻に感謝を捧げます。

凡人起業家　小原聖誉

[著者]

小原聖誉（おばら・まさしげ）

起業家・エンジェル投資家、株式会社StartPoint代表取締役。

1977年生まれ。98年、大学在学中に起業家のインターンに参加したことでベンチャー企業の経営を間近で見る機会にめぐまれ、「やがては自分も起業しよう」と考えるきっかけとなった。2013年、株式会社AppBroadCast創業。起業を意識してから15年が経っていた。ABC社ではスマホゲームのマーケティング支援事業を独自のフレームワークに基づいて展開。徹底して凡人であることを前提に経営したことで、立ち上げたメディアは2年で400万ダウンロードを超えた。創業して3年目の2016年、大手通信会社グループに同社をバイアウト。現在は自らの創業経験をもとにIT起業の支援・投資活動を行っている。

凡《ぼん》人《じん》起《き》業《ぎょう》

35歳《さい》で会社創業《かいしゃそうぎょう》、
3年後《ねんご》にイグジットしたぼくの方法《ほうほう》。

2019年3月28日　初版発行

著　　者　小原聖誉

発 行 者　小林圭太
発 行 所　株式会社CCCメディアハウス
〒141-8205
東京都品川区上大崎3丁目1番1号
☎03-5436-5721（販売）
☎03-5436-5735（編集）
http://books.cccmh.co.jp

印刷・製本　豊国印刷株式会社

ISBN978-4-484-19206-2